AI와 디지털 시민성

JN435427

AI문고

인공지능 시대입니다. 기계가 인간의 인지를 대신하고, 사물이 인간을 통하지 않고 다른 사물과 직접 커뮤니케이션합니다. 이에 따른 인간 삶과 문명 변화를 정확히 이해·예측·대응하는 것은 이 시대 우리 모두의 과제입니다. AI문고는 인공지능 기술과 환경의 여러 주제를 10가지 키워드로 정리합니다. 관련 개념과 이론, 학계와 산업계의 쟁점, 우리 일상의 변화를 다룹니다. 인간과 기술의 현재, 미래를 세심히 분석합니다.

일러두기

- 인명, 작품명, 저서명, 개념어 등은 한글과 함께 괄호 안에 해당 국가의 원어를 병기했습니다.
- 외래어 표기는 현행 어문규정의 외래어표기법을 따랐습니다.

처음이세요?

전문가세요?

지금, 큐알 찍으면

🎁 AI 입문서 바로 선물

📚 당신만의 필독서 추천

📖 500권 요약본 공짜

🎧 오디오북 무료 사용

AI와 디지털 시민성

김정아·김희진

대한민국, 서울, 커뮤니케이션북스, 2025

AI와 디지털 시민성

지은이 김정아·김희진
펴낸이 박영률

초판 1쇄 펴낸날 2025년 10월 31일

커뮤니케이션북스(주)
출판 등록 2007년 8월 17일 제313-2007-000166호
02880 서울시 성북구 성북로 5-11
전화(02) 7474 001, 팩스(02) 736 5047
commbooks@commbooks.com
www.commbooks.com

이 책은 커뮤니케이션북스(주)가 저작권자와 계약해 발행했습니다.
본사의 서면 허락 없이는 어떠한 형태나 수단으로도
이 책의 내용을 이용할 수 없음을 알려드립니다.

© 김정아·김희진, 2025

ISBN 979-11-430-1163-3 03500

책값은 뒤표지에 표시되어 있습니다.

차례

디지털 시민성, 새로운 도전과 책임

우리는 지금 디지털 혁명인 인공지능(AI, Artificial Intelligence)이 일상을 지배하는 시대를 살아가고 있다. 스마트 기기는 인간의 필수품이 되었고, AI는 인간의 지식과 문화를 학습해 새로운 콘텐츠를 생성한다. 사회관계망서비스(SNS), 가상현실, 생성형 AI 등 수많은 디지털 매체 속에서 우리는 무엇을 믿고 어떻게 행동해야 할까?

시민의 역할과 책임이 오프라인 환경에서 단순히 온라인 환경으로 넘어가는 것이 아니다. 디지털 시민은 올바른 정보 활용과 윤리적 행동 실천까지 포함해 디지털 기술과 함께 진보해야 한다. 즉 AI 기술의 발전과 더불어 디지털 시민성이 직면한 도전에 대해 고민하고, 현대 시민으로서 책임과 의무를 생각해야 한다.

4차 산업혁명은 시작에 불과하다

4차 산업혁명이 인간의 지능적 노동까지 자동화했다. 세상의 모든 현상은 데이터로 수집되어 분석될 수 있다. 수

집된 빅데이터의 머신러닝 기술은 그 자체로 엄청난 가치를 창출해 전문가의 통찰까지 얻을 수 있게 되었다. 무선 인터넷과 사물 인터넷은 인간의 소통뿐 아니라 사물의 연결도 촉진한다. 이런 사물 간의 소통은 산업 간 융합은 물론 인간과 기계의 융합, 가상과 현실의 융합을 실현했다. 자율주행 자동차, 스마트 팩토리는 물론 스마트폰의 앱으로 집 안의 온도, 조명과 가전제품을 제어하는 스마트 홈 산업까지 현실이 되었다.

이런 연결 중심의 사회에서 개방과 공유를 통한 지식의 확장은 자연스럽게 부가가치를 창출한다. 소셜미디어인 인스타그램과 틱톡, 유튜브를 통한 소비자들의 자발적인 후기가 해당 장소를 자연스럽게 홍보하는 효과를 보이는 것이 대표적인 예다. 즉 독점적 소유는 고립을 의미하며, 재화와 달리 데이터와 정보의 인프라는 공유와 융합의 과정에서 큰 가치가 생긴다. 이런 새로운 문화는 지속적으로 확산한다.

자동화의 촉진으로 AI는 4차 산업혁명의 대표 아이콘이 되었다. AI 기술은 급속도로 발전하고 있고 서비스 및 산업과 연결되어 다양한 분야에 사용되기 시작했다. AI는 인간의 경쟁 상대가 아닌 중요한 협력 도구로 인식의 변화가 필요하다.

새로운 도전 미리보기

오늘날 우리는 AI와 디지털 기술이 지배하는 환경에서 살고 있다. 하루의 절반 이상을 온라인에서 보내며, AI가 생성한 콘텐츠와 인간이 만든 콘텐츠를 구별하기는 점점 어려워지고 있다. 이러한 변화 속에 디지털 시민성의 핵심 역량 중 하나는 콘텐츠의 출처를 파악하고 신뢰 여부를 평가하고 구분하는 능력이다.

생성형 AI는 편리함을 제공하지만, AI의 한계를 이해하지 못한다면 허위 정보에 노출될 위험이 크다. 따라서 AI의 작동 원리와 콘텐츠 생성 과정의 이해 등 디지털 문해력을 강화하는 교육이 필요하다(UNESCO, 2023).

딥페이크와 허위 정보 확산은 사회적 혼란을 초래한다. 정교하게 조작된 영상과 이미지의 허위 정보는 사실과 거짓의 경계를 모호하게 해 개인이 정보를 선별하는 데 어려움을 겪게 한다. 더불어 디지털 격차는 여전히 해결해야 할 중요한 과제다. 고령층의 모바일 서비스 이용 한계, 저소득층 학생들의 디지털 기기 부족 등으로 인한 디지털 접근성의 격차는 경제적 교육적 불평등으로 직결된다. 코로나19 이후 온라인 수업에 참여하지 못하는 학생들이 겪었던 어려움이 대표적이다.

따라서 디지털 접근성을 보장해 포용적인 디지털 환

경을 조성해 원활한 소통이 가능하게 해야 한다(한국지능정보사회진흥원, 2025).

개인정보의 노출, 자료의 수집과 활용이 일상화하면서 디지털 권리와 개인정보 보호에 대한 인식이 점점 중요해지고 있다. 디지털 환경에서 사용자는 스스로 자신의 권리와 정보를 보호할 수 있는 능력을 갖춰야 한다.

마지막 도전 과제는 AI가 디지털 시민성에 미치는 영향에 따른 교육이다. AI는 맞춤형 정보를 제공함으로써 편리함을 제공하지만 동시에 필터버블과 편향된 정보의 소비를 심화해 비판적 사고를 약화할 수 있다. 따라서 AI가 디지털 시민성에 미치는 영향을 파악해 초중등 교육에 적용함으로써 책임 있는 디지털 시민으로 성장할 수 있도록 도와야 한다.

결국 AI와 함께하는 디지털 사회에서 필요한 시민성은 단순한 기술의 이해와 활용을 넘어선다. 정보 판별 능력, 비판적 문해력, 보안을 위한 인식과 태도 그리고 포용적 디지털 접근성 확보와 교육이 핵심 도전 과제다.

이러한 역량을 교육과 사회시스템 전반에 내재화하는 것이 앞으로의 디지털 시민성 교육의 중요한 방향이 될 것이다.

책의 구성

이 책은 AI 시대를 살아가는 우리가 디지털 시민으로 갖춰야 할 태도와 역량에 대해 다룬다. 아울러 AI 시대를 위해 필요한 사회적으로 환경도 다양하게 담았다.

1장 "시민과 디지털 시민성"은 전통적인 시민과 비교해 디지털 시민이 갖추어야 하는 지식, 태도, 윤리적 가치를 다룬다. 오늘날 시민의 개념은 디지털 환경에서 새로운 의미를 갖는다. 전통적인 시민성은 국가와 공동체 안에서 책임을 다하고 정치에 참여하는 것을 의미했지만, 디지털 시민성은 디지털 공간에서도 윤리적이고 책임 있는 행동을 실천하는 사람을 말한다. 1장에서는 디지털 시민과 시민성의 정의를 다루고, 훌륭한 디지털 시민을 제시한다.

2장 "디지털권"은 2025년 1월에 제정된 「디지털포용법」에 대해 알아보고, 국민의 디지털 역량 함양을 위해 필요한 디지털 역량 프레임 워크, 지역 맞춤형 정책과 협력적 거버넌스 구축을 제시한다.

3장 "디지털 격차와 접근성"은 단순 정보화 수준이 아닌 삶의 질, 사회적 연대를 결정짓는 중요한 요소인 디지털 격차에 대해 알아보고, 정보통신기술과 디지털 기술에 자유롭게 접근해 디지털 콘텐츠로 사회적 소통이 가능한 디지털 접근성을 다룬다.

4장에서 다룬 "디지털 문해력"은 복잡한 디지털 정보 속에서 진실과 거짓을 구별하고, 정보를 비판적으로 수용하는 능력을 말한다. 이는 기술적 능력보다 시민적 사고력에 가까운데, 생성형 AI의 확산으로 더욱 중요해졌다. 따라서 교육적 대응이 필수인 디지털 문해력을 알아보고 판별 능력, 생성형 AI의 영향과 교육적 대응 방안을 중심으로 AI 시대, 시민의 새로운 문해력 기준을 제시한다.

디지털 환경은 새로운 권리와 책임의 재정립을 요구한다. 5장 "디지털 권리와 책임"은 기술이 발전할수록 더불어 어떻게 행동해야 하는가에 대한 고민을 담았다. 디지털 권리의 개념 변화, AI 결정과 인간 책임의 관계, 윤리적 AI 규제에 대한 논의와 디지털 시민으로서의 역할에 대해서 다루었다.

디지털 보안은 개인의 프라이버시를 넘어 공동체 전체의 안전과 직결된다. 디지털 침해 사고에 대한 대비는 기술적인 대응을 넘어서 시민 개개인의 보안 의식이 기반이 돼야 한다. 6장 "디지털 보안과 활용"은 디지털 환경에서 빈번한 디지털 침해 사고인 개인정보 유출, 해킹, 피싱의 실태를 다룬다. 아울러 디지털 침해 대비를 위한 보안 의식의 중요성을 제시해 개인, 기관과 사회 전체의 안전과 권리를 지키기 위한 디지털 시민의 기본 역량을 강조한다.

AI 기술은 디지털 시민성에 긍정적·부정적 영향을 동시에 미친다. 7장 "AI가 디지털 시민성에 미치는 영향"은 AI가 정보의 접근성과 온라인 시민 참여와 같은 긍정적 영향과 디지털 격차와 같은 디지털 시민성에 미치는 부정적 영향에 대해 다룬다. AI 기술을 올바르게 사용하기 위한 디지털 시민으로서 요구되는 자세와 사회적 책임을 담았다.

시민성을 키우기 위해 초중등 교육에서의 디지털 시민성 교육은 더욱 중요해지고 있다. 8장 "디지털 시민성을 위한 초중등 교육"은 현재 초중고 교육에서 디지털 시민성과 관련된 교육 사례를 제시한다. 디지털 사회는 청소년들에게 무한한 가능성을 제공하는 동시에 사이버 괴롭힘, 개인정보 유출, 허위 정보 확산 등 새로운 위험을 동반한다. 이를 위해 교육부에서 제시한 2022 개정 교육과정에 대해 알아보고 책임감 있는 태도와 건전한 정보 활용 습관을 기르는 디지털 시민성 교육을 다루었다.

AI와 디지털 기술이 사고와 사회적 관계까지 영향을

미치는 시대에, 시민 교육의 방향성도 실천 중심으로 변해야 한다. 9장 "디지털 시민성 교육을 위한 지향점"은 AI 시대에 디지털 시민성이 어떻게 변화하고 있으며, 그에 따라 교육은 어떤 방향으로 전환돼야 하는지를 구체적으로 살펴본다. 이에 인간 중심의 AI 활용, 세대별 시민 교육, 평생학습과 연계 등 새로운 교육 패러다임을 담았다.

마지막으로, 10장 "디지털 시민의 행동 가이드"는 일상의 실천이 무엇보다 중요함을 강조한다. 개인정보 보호, 사이버 예절, 스마트폰 사용 습관, 사이버 괴롭힘 대응 등은 디지털 시민이 실천할 수 있는 구체적 행동이다. 이러한 일상 속 실천이 곧 공동체의 디지털 문화를 형성하며, 건강하고 책임 있는 디지털 사회로 나아가는 밑거름이 될 것이다.

참고문헌

KDI 경제교육정보센터. "시사용어 사전".
https://eiec.kdi.re.kr/material/wordDic.do

한국교육학술정보원(2017). "4차 산업혁명시대, 지능정보사회의 디지털 시민성(Digital Citizenship)에 대한 탐색".
https://www.keris.or.kr/main/ad/pblcte/selectPblcteRMInfo.do?mi=1139&pblcteSeq=10934

한국지능정보사회진흥원(2025). “2024 디지털정보격차 실태조사”. https://www.nia.or.kr/site/nia_kor/ex/bbs/List.do?cbIdx=81623

European Commission(2021). Digital Education Action Plan (2021-2027): Resetting education and training for the digital age. European Union. https://education.ec.europa.eu/focus-topics/digital-education/plan

UNESCO(2023). Guidelines for Digital Literacy and AI Competency for All. United Nations Educational, Scientific and Cultural Organization.

01
시민과 디지털 시민성

전통적인 시민은 국가나 지역 공동체 안에서 정치에 참여하거나 공공의 협력을 통해 책임을 다하는 사람이다. 디지털 시민은 단순히 인터넷을 사용하는 사람이 아니라 시공간의 제약이 없는 디지털 공간에서 책임감 있는 행동을 실천하고 공동체의 발전에 이바지하는 사람이다. 디지털 시민성은 디지털 시민이 갖추어야 하는 지식, 태도, 기술, 윤리적 가치를 모두 아우르는 개념이다.

기후 위기와 인공지능?

시민과 디지털 시민성

소크라테스와 아리스토텔레스를 포함한 고대 그리스에서 시민(Citizen)의 범주는 나이, 성별, 재산 등의 기준에 따라 선별된 '시민으로서의 특별한 자질을 갖추고 입증된 공동체 구성원의 일부'만을 지칭했다. 즉 시민은 단순히 국가에 거주하는 사람이나, 공동체에 속한 모든 구성원을 아우르는 말이 아니었다(김재홍, 2018).

시민사회는 근대 시민혁명 이후 등장한다. 근대 시민혁명은 사유재산의 보장과 산업 활동의 자유라는 경제적 요구와 인간 존엄성 · 자유 · 평등의 보장이라는 정치적 요구를 근간으로 시민사회를 탄생시켰다. 시민은 민주사회의 구성원으로서 사적 재산을 보장받을 권리 등과 시민사회 구성원으로서 의무에 따라 공적 결정에 주체적으로 참여하는 사람을 일컫는다.

이 시민들에게 주어진 권리가 시민권(Citizenship)이며 근대 시민혁명을 통해 시민사회의 경제적 차원의 사적 재산권과 정치적 차원의 참정권을 보장받는 시민권의 내용이 형성되었다(안정임 · 박은희, 2022). 즉, 오늘날 시민은 민주사회의 구성원으로서 권리와 의무에 따라 공적 결정에 주체적으로 참여하는 사람을 일컫는다(김재홍, 2018). 시민권은 근대 국가에서 필수적인 삶의 조건으로 다양한 영역에서 발전되었다.

역사적으로 일맥상통하는 시민권은 공동체의 정회원에게 부여되는 지위이며, 지위를 소유한 모든 사람은 지위에 동등한 권리와 의무가 부여된다는 것이다(김동춘, 2013). 즉, 시민권은 시민으로서 행사할 수 있는 권리를 일컬으며, 일반적으로 어떤 국가의 시민권을 가지고 있다 함은 그 나라의 국적을 가지고 권리를 행사할 수 있다는 의미다. 이처럼 시민권은, 인간은 누구나 정치공동체의 구성원이 돼야 하며 그럴 때만 인간다운 삶을 누릴 수 있음을 보여 주는 중요한 인간의 조건인 것이다.

그럼 시민성(citizenship, 市民性)이란 무엇일까? 시민권과 동일한 영단어를 사용하지만, 우리말 사전의 의미는 다음처럼 다르다. 시민권은 '시민의 권리와 의무'에, 시민성은 '시민의 자질'에 초점을 두어 설명한다.

시민성의 개념은 한 개인이 사회 안에서 인식할 수 있고, 자신의 존재에 필수적인 4개의 차원에서 설명될 수 있다(추병완 외, 2023). 첫째, 시민성의 정치적 차원으로 정치 체제에 대한 정치적 권리와 책임을 말한다. 정치적 차원의 발전은 정치 지식과 민주적 태도와 참여 기술의 촉진을 통해 이뤄진다. 둘째, 사회적 차원은 사회에서 대인 관계 행동과 관련되고, 충성심과 연대성을 요구한다. 사회적 기술과 관계에 대한 지식이 시민성의 사회적 차원의 발전을 위해 필요하다. 셋째, 문화적 차원은 공동의 문화유산에 대한 의식이며, 공동의 문화유산에 대한 지식과 역사, 언어에 대한 지식을 통해 발전한다. 마지막으로 경제적 차원은 개인과 노동시장과의 관계다. 일할 권리와 최저 생존 수준 권리를 함의한다. 경제적 기술과 직업훈련은 경제적 차원의 구현에서 필수적인 임무를 수행한다. 이러한 시민성은 단순히 국가의 구성원으로 존재하는 것이 아니라, 능동적인 참여와 공동체적 책임을 기반으로 한다는 점에서 교육을 통한 계발의 대상이 되며, 이는 오늘날 디지털 사회에서도 동일하게 적용된다.

디지털 시민과 디지털 시민성

지역과 국가 사회라는 국한된 환경에서 공동체를 위한 정치에 참여하고 협력할 의무를 가진 국민이 전통적 의에서의 시민이다. 디지털 시민은 스마트폰과 태블릿 등의 디지털 기기를 통해 디지털 환경 속에서 다양한 미디어와 매체를 접한다. 또한 이것으로 자신이 처한 문제를 해결하기 위해 자발적으로 행동하는 역동적 시민이다 (추병완 외, 2023). 디지털 시민은 선거나 정당 참여에 대한 의무감은 약하지만, 자신이 처한 문제 해결을 위해 생활 정치 중심으로 활동한다. 다양한 온라인 네트워크를 기반으로 양방향 소통과 참여에 관심을 가지고 협업에 의한 자발적 사회 문제 해결을 선호한다.

디지털 공간에서 시공간의 제한 없이 소통하고 정보를 공유하며 자신과 사회적 문제를 해결하기 위해 협력하며 살고 있다(사이좋은디지털세상, 2022). 또한 다양한 온라인 혹은 오프라인의 디지털 공간에서 상호 연결된 디지털 시민은 공동체의 구성원으로서 사회 공동의 문제 해결을 위해 다양한 의견 개진에 참여하고 타인과 소통한다. 일반적으로 디지털 시민성은 디지털 기술로 변화하는 사회에서 타인과 함께 살아가는 데 필요한 소양과 역량을 의미한다. 또한 디지털 시민은 지능 정보 기술로 변화하는 생활의 방식, 온·오프라인이 연계된 공간에서 사회 구성원으로서 삶을 영위하는 데 필요한 총체적 역량과 소양을 갖춘 시민을 의미한다(ISTE, 2016).

디지털 시민성은 더 이상 선택이 아닌 필수 역량이다. 이제 학교 교육을 포함한 다양한 시민 교육 정책의 핵심 과제로 부상하고 있다.

훌륭한 시민과 훌륭한 디지털 시민성

전통적 시민과 디지털 시민의 가치는 어떻게 다른가? 미국의 국제교육기술협회(ISTE, International Society for Technology in Education)는 디지털 시대 시민성의 특징을 다음과 같이 설명하고 있다(ISTE, 2016).

첫째, 훌륭한 시민은 모두 평등한 것을 원하지만, 훌륭한 디지털 시민은 모두를 위한 평등한 디지털 권리와 접근을 원한다. 둘째, 훌륭한 시민은 타인을 존중하지만, 훌륭한 디지털 시민은 다양한 관점에서 타인을 이해하려 노력한다. 셋째, 훌륭한 시민은 다른 사람의 소유물을 빼앗거나 해를 입히지 않지만, 훌륭한 디지털 시민은 온라인상에서 타인의 지식재산권과 디지털 프라이버시를 존중한다. 넷째, 훌륭한 시민은 타인과 공감하며 공손하게 소통하지만, 훌륭한 디지털 시민은 디지털 채널을 활용해 타인과 소통하고 공감을 대신한다. 다섯째, 훌륭한 시민은 정직을 우선시하고 확인되지 않은 뉴스를 접하지 않지만, 훌륭한 디지털 시민은 광고나 가짜 뉴스 등 신뢰할 수 없는 자원에 대해 비판적 사고를 하고 활용한다. 여섯째, 훌륭한 시민은 오프라인 세상을 나은 곳으로 만들려고 노력하지만, 훌륭한 디지털 시민은 사회적 목표 발전을 위해 기술을 활용한다. 일곱째, 훌륭한 시민은 위험으로부터 다른 사람들과 자기 자신을 보호하지만, 훌륭한 디지털 시민은 디지털 도구를 사용하는 동안 발생할 수 있는 신체적 정신적 건강 위험을 사전에 적극적으로 예방한다. 여덟째, 훌륭한 시민은 사회적 프로젝트를 하며 타인과 함께 일하지만, 디지털 시민은 타인과 협력하기 위해 디지털 도구를 활용한다. 마지막으로, 훌륭한 시민은 항상 긍정적 자아상을 지니지만, 훌륭한 디지털 시민은 온라인 디지털 세상의 영속성을 이해하고 디지털 정체성을 관리하는 데 필요한 조처를 할 수 있다.

이러한 차이점은 디지털 기술이 개인과 사회의 관계를 재구성하고 있음을 시사한다. 결국 디지털 시민과 디지털 시민성은 단순한 기술 중심의 개념이 아닌 사회적 책임, 윤리, 참여, 비판적 사고를 포괄하는 전인적 시민 교육의 핵심이다(안정임 · 박은희, 2022).

디지털 공간에서 자신과 타인을 존중하고, 정보를 비판적으로 활용하며, 공동체 중심의 참여를 실천하고 자신의 디지털 정체성과 권리를 책임 있게 관리하는 능력은 건전한 디지털 사회를 만들기 위한 필수 역량이다.

참고문헌

김동춘(2013). “시민권과 시민성: 국가, 민족, 가족을 넘어서”. 《서강인문논총》, 37, 5~46쪽.

김재홍(2018). 《아리스토텔레스 정치학: 최선의 공동체를 향하여》. 쌤앤파커스.

사이좋은디지털세상(2022). “2022 디지털 시민성 함양을 위한 시대적 함의 연구”. https://www.digital7942.org/activity/research_forum

안정임·박은희(2022). “디지털 시민성에 대한 비판적 탐색: 시민성의 계승과 디지털의 확장”. 《미디어융합연구》, 33, 39~75쪽.

추병완 외(2023). 《디지털 시민성 핸드북》. 한국문화사.

한국교육학술정보원(2024). “수업에 바로 활용하는 디지털 시민교육자료”. https://keris.or.kr/main/ad/pblcte/selectPblcteETCInfo.do?mi=1142&pblcteSeq=13795

International Society for Technology in Education(ISTE)(2016). Digital citizenship defined: Teach the 9 elements to enhance students' safety, creativity and empathy. https://cdn2.hubspot.net/hubfs/1818747/Images/Marketing%20Campaigns/Digital%20Citizenship/Digital_Citizenship_Downloadable_10-2016_v11_web.pdf

International Society for Technology in Education(ISTE)(2014). Citizenship in the digital age. https://elearninginfographics.com/citizenship-digital-age-infographic/

Ribble, M. & Park, M.(2019). *The Digital Citizenship Handbook for School Leaders.* International Society for Technology in Education.

02
디지털권

2025년 제정된 「디지털포용법」은 국민의 디지털 역량 함양을 국가와 지방정부의 책임으로 규정하며, 디지털 시민성을 포함한 포괄적 역량을 강조한다.
그러나 고령층·저소득층 등의 정보화 수준은 여전히 낮아 정책 실행이 중요하다. 디지털 역량 프레임워크 개발, 지역 맞춤형 정책, 협력적 거버넌스 구축이 핵심 과제이며, 이는 단순한 기술 교육을 넘어 사회적 정의 실현을 위한 기반이 돼야 한다.

노래하는 AI 보컬?

디지털포용법 제정과 디지털 역량 중요성 확대

2024 디지털 정보 격차 실태조사에 의하면, 취약 계층인 고령층, 농어민, 장애인, 저소득층의 디지털 정보화 수준은 77.5%로, 일반 국민의 수준을 100으로 할 때의 지표다. 디지털 정보화 부문에서는, 역량이 65.6%로 가장 저조했고, 활용이 80%로 뒤를 이었다(한국지능정보사회진흥원, 2025). 과연 「디지털포용법」 제정이 디지털 정보화 취약 계층의 디지털 역량 함량 강화에 얼마나 도움이 될지 주목된다.

2025년 4월 29일, 과학기술정보통신부는 프랑스 파리 경제협력개발기구(OECD) '디지털 사회 이니셔티브 워크숍'에서 사회적 약자를 포용하는 디지털 정책을 소개했다(연합뉴스, 2025). 이는 세계 최초로 「디지털포용법」 제정을 국제기구를 통해 알리고 글로벌 사회에 이바지할 것을 시사한 것이다.

국회입법조사처는 《디지털포용법 제정에 따른 국민 디지털 역량 강화 과제》 현안 분석 보고서를 2025년 4월 발간했다. 2026년 1월 22일부터 시행 예정인 「디지털포용법」은 AI, 디지털 시대를 맞아 모든 사회 구성원이 차별과 배제 없이 디지털 기술의 혜택을 고르게 누릴 수 있도록 경제, 사회, 문화적 환경을 조성하기 위한 목적으로 제정되었다(과기정통부, 2025). 이에 과학기술정보통신부는 2025년 현재, 관련 시행령을 준비하고 있다.

입법조사처는 디지털 역량 프레임워크 개발, 디지털 역량 세부 정책 및 전략 수립, 디지털 역량 협력 거버넌스 구축과 인식 제고를 핵심 과제로 제시했다. 디지털 역량 프레임워크 개발은 그동안 혼재된 디지털 역량에 대한 일관된 개념을 제시하고, 구조화해 일관된 정책을 마련할 수 있도록 했다. 기존 정부는 디지털 포용, 디지털 미디어 소통 역량, 디지털 교육 등 개별 개념과 가치에 따라 각각 진흥 계획을 수립했는데 이를 통합해 디지털 역량을 상위에 두고 영역별 세부 시행 계획, 역량 측정 기준 및 항목, 교육 도구와 자료를 제시한다(과기정통부, 2025).

디지털 역량 프레임워크가 제대로 작동하기 위해서는 맞춤형 역량 항목과 측정 지표가 도출돼야 한다. 예를 들어, 장애인의 경우 웹 접근성 준수 여부, 음성 지원 기능의 이해 정도, 보조기기 활용 능력 등이 필수 요소로 고려돼야 한다. 또 농어민의 경우 농업 정보 플랫폼 활용 능력, 스마트팜 기술에 대한 이해와 활용도 등이 포함돼야 한다. 이러한 세분된 역량 평가 지표는 디지털 시민 각자의 현실을 반영한 이해로부터 출발해야 할 것이다.

단순한 협의체 수준을 넘는 실행 가능한 디지털 거버넌스 체계 구축이 중요하다. 이를 위해서는 사용자 중심의 디지털 역량 센터 설립, 민 · 관 협력 기반의 공동 교육 프로그램 운영, 지역 디지털 리더의 양성, 지속 가능한 교육 네트워크의 구축이 요구된다(노승용, 2009). 디지털 거버넌스는 중앙정부의 하향식 통제 구조가 아닌, 지역의 필요와 경험에 기반을 둔 상향식 참여 구조로 설계돼야 한다. 다양한 시민 집단, 지역 공동체, 사회적 경제조직 등이 참여할 수 있도록 정책 수립과 실행 과정은 구조화해야 한다.

디지털 역량은 책상 위 교육보다 일상 속 실천에서 더 큰 효과를 발휘한다. 따라서 마을 단위의 체험 공간, 로컬 미디어와의 협력 콘텐츠, 공공 플랫폼에서의 사례 공유 등을 활성화해야 한다. 디지털 역량 강화가 단기적인 인프라 투자에 그치지 않고, 장기적인 교육 생태계 조성으로 이어져야 한다. 무엇보다 디지털 시민성이라는 가치적 차원을 프레임워크에 포함하는 것은 매우 중요하다. 단순한 디지털 기술의 사용을 넘어 개인정보 보호, 윤리적 정보 활용, 온라인 소통 예절, 디지털 사회 참여 등의 요소를 포함할 때, 비로소 전인적 디지털 역량이 강화될 것이다. 이는 결국 민주주의와 시민성의 디지털 전환을 의미하며, 디지털 공간에서 공동체성과 책임감 있는 주체 형성을 촉진할 것이다. 결론적으로 디지털 포용은 기술 교육의 문제가 아니라 사회적 정의의 문제이며, 기술을 통해 누구도 소외되지 않도록 하는 것이, 오늘날 디지털 시민사회의 첫걸음이다.

국민의 디지털 역량 함량을 위한 디지털포용법

디지털 포용 관련 제정안은 2021년 국회에 발의되었으나 임기 만료로 폐기되었고, 2024년 22대 국회에서 「지능정보화기본법」 개정안과 함께 병합 심사된 후 2024년 12월 26일 가결되었다. 「지능정보화기본법」과 취지가 유사하며, 「디지털포용법」 제7조 디지털 포용에 관해 법에서 규정한 것을 제외하고는 「지능정보화기본법」에서 정하는 바에 따른다고 규정하고 있다. 지능정보화는 정보의 생성, 유통 또는 활용을 기반으로 지능 정보기술이나 그 밖의 다른 기술을 적용 융합해 사회 각 분야의 활동을 가능하게 하거나 그러한 활동을 효율화, 고도화하는 것을 일컫는다(지능정보화기본법 제2조 제1호).

「디지털포용법」 제2조 제1항 1호에 의하면 디지털 포용이란 사회의 모든 구성원이 차별이나 배제 없이 지능 정보 기술의 혜택을 고르게 누릴 수 있도록 경제적, 사회적, 문화적 환경을 조성하는 것이다. 「디지털포용법」 제2조 제1항 2호에 의하면 디지털 역량은 사회 구성원의 지능 정보기술, 지능 정보서비스 및 이를 활용한 제품에 대한 건전한 접근 또는 이용에 필요한 소양, 지식 및 능력을 일컫는다. 그동안 디지털 역량은 디지털 리터러시, 미디어 리터러시, 컴퓨터 리터러시, ICT 리터러시 등의 용어와 혼용되어 왔다. 하지만 이번 법안 제정으로 디지털 역량은 단순히 기술 습득이나 정보 활용 능력을 넘어 디지털 시민성, 디지털 윤리, 디지털 민주주의와 같은 디지털 사회에 적합한 시민적 태도와 가치관을 포함하는 포괄적 개념으로 확장되었다. 이는 유럽연합이 제시한 디지털 역량 정책과도 유사한 방향이다(European Commission, 2022).

디지털 시민성은 디지털 사회의 일원으로서 권리와 책임, 참여를 바탕으로 한 성숙한 시민의 역량을 의미한다. 이는 학교 교육, 지역사회 학습, 평생교육 등 다양한 교육 환경에서 촘촘히 구성돼야 한다(박기범, 2024). 따라서 디지털 포용을 위한 법제화는 단순히 교육의 문제를 넘어서 시민의 삶의 질과 연결되며, 인간다운 삶을 위한 기본권의 관점에서 접근할 필요가 있다.

「디지털포용법」으로 국가 및 지방정부가 국민의 디지

털 역량 함양을 법적으로 책임지는 기반은 마련되었다. 하지만 이를 실행하기 위해 중앙정부의 정책 실행력뿐 아니라 지방정부와 시민사회, 교육기관의 협력과 분업이 필요하다. 특히 지역 간 디지털 격차가 심각한 현실을 고려할 때, 지방자치단체는 지역 주민의 디지털 수요와 환경을 반영한 맞춤형 정책을 수립할 필요가 있다(디지털포용법 제11조 및 제12조). 또한 모든 사회 구성원이 차별 없이 정보 기술의 혜택을 누릴 수 있기를 바라는 법안의 취지를 실현하기 위해 행정기관뿐 아니라, 지역사회, 기업, 시민단체 등 다양한 주체들의 연대와 협력이 필수다.

디지털 사회를 살아가기 위해 요구되는 가치와 태도는 기술 이전에 인간의 존엄성과 상호 이해를 바탕으로 해야 하며, 정치적 편향이나 시장 중심적 사고에 치우쳐서는 안 될 것이다.

참고문헌

과기정통부(2024). 「지능정보화기본법」. 법률 제20410호
과기정통부(2025). 「디지털포용법」. 법률 제20672호
김여라(2025). "「디지털포용법」 제정에 따른 국민 디지털 역량 강화 과제". https://www.nars.go.kr/report/view.do?cmsCode=CM004

3&brdSeq=47195

노승용(2009). “효과적인 디지털 거버넌스 구현을 위한 디지털 시민의식 분석”. 《현대사회와 행정》, 19(1), 135~157쪽.

박기범(2024). 《기억에서 연결의 시대로 디지털 시민성 교육》. 어가.

박지성(2025.4.9). “디지털포용법 내년 1월 시행… “모든 국민 디지털 역량 높일 정책구조·거버넌스 마련해야””. 전자신문. https://www.etnews.com/20250409000356

연합뉴스(2025.4.30). “정부, 세계최초 ‘디지털포용법’ 제정 성과 OECD와 공유”. https://www.yna.co.kr/view/AKR20250430041100017

한국지능정보사회진흥원(2025). “2024 디지털정보격차 실태조사”. https://www.nia.or.kr/site/nia_kor/ex/bbs/List.do?cbIdx=81623

한국지능정보사회진흥원(2025). “디지털 규범과 AI의 공존: 다자간 학술 네트워크를 통해 조망하는 포용적 디지털 사회”. https://nia.or.kr/site/nia_kor/ex/bbs/View.do?cbIdx=39485&bcIdx=27777&parentSeq=27777

European Commission(2022). The Digital Competence Framework for Citizens. https://publications.jrc.ec.europa.eu/repository/handle/JRC128415

03
디지털 격차와 접근성

디지털 격차는 개인적 경제적 신체적 조건에 따라 발생하며 AI 시대는 디지털 격차를 더욱 심화할 것이다. 또한 디지털 격차는 디지털 접근성과 소통에 영향을 미친다.
디지털 격차는 단순 정보화 수준 차이가 아닌 삶의 질, 사회적 연대를 결정짓는 중요한 요소다. 디지털 접근성은 정보통신기술과 디지털 기술에 자유롭게 접근하고 사용할 수 있는 정도로 디지털 콘텐츠를 활용해 사회적 소통으로 이어지는 통합적 의미를 나타낸다.

인공지능과 편향?

디지털 격차의 구조적 문제의 실태

디지털 정보 격차 실태 조사에 따르면 디지털 취약 계층의 디지털 정보화 수준은 77.5%이며, 디지털 정보화 역량은 65.6%, 디지털 정보화 활용 능력은 80%다(한국지능정보사회진흥원, 2025). 조사에서는 PC와 모바일 디지털 기기 이용 능력의 극심한 격차를 확인할 수 있으며, 디지털 기기와 서비스가 고도화될수록 디지털 정보화 수준의 격차는 더욱 심화될 수 있다.

더욱이 디지털 소외 계층은 다양한 디지털 격차를 보인다. 첫째, 저소득층은 고속 인터넷 요금과 디지털 기기 구매에서 경제적 장벽을 가진다. 디지털 환경 자체에 진입하지 못해 학습과 고용의 기회조차 제한된다. 이는 디지털 정보를 접하고 디지털 콘텐츠를 생성하기 어려운 구조적 한계를 초래한다.

둘째 고령층은 신체 능력의 저하와 낮은 디지털 리터러시로 키오스크나 모바일 환경에 적응이 어렵다. 공공서비스의 접근이 제한되며 은행, 병원, 지하철 등 생활 환경에서 소외가 심각하다. 특히 키오스크 활용에서 고령층은 평균 45% 사용 실패율을 보인다는 연구도 있다.

셋째, 장애를 겪는 사람은 시각, 청각, 지적 장애 등 유형에 따라 접근성 측면에서 다르게 소외된다. 정보의 접근성과 디지털 기기의 인터페이스는 비장애인 중심으로 설계되어 장애인의 디지털 접근성을 저해한다. 특히 전국 600대의 장애인 배리어 프리 키오스크 중 모든 사회적 약자를 고려한 키오스크는 59대에 불과하다. 대다수는 시각장애인 중심으로 설계되어 청각 및 지적 장애인에 대한 고려가 부족하다. 이런 사례는 장애의 유형에 따라서도 디지털 접근성의 차이를 보여 준다.

넷째, 농어촌 지역은 통신 인프라 부족, 디지털 교육의 부족으로 지속적인 디지털 소외를 보인다. 스마트팜, 원격교육과 진료 등의 서비스에서 벗어나 있으며, 도시와 비도시 간 정보 불평등을 일으킨다.

디지털 취약 계층의 문제뿐 아니라 사회 분야별로 디지털 격차는 사회적 문제로도 확대될 수 있다. 의료 분야 사례에서 디지털 격차는 정보 접근성의 문제를 넘어 생명과 건강에까지 영향을 미칠 수 있다. 원격진료와 건강정보 접근이 어려운 계층은 디지털 기반 사회에서 배제될 위험에 처할 수 있다.

디지털 접근성과 디지털 소통

디지털 기술은 오늘날 시민의 일상과 공동체 삶에 깊숙이 파고들며, 더 이상 선택의 도구가 아닌 사회적 참여와 삶의 질을 좌우하는 필수 인프라로 기능하고 있다. 이에 따라 디지털 접근성과 디지털 소통은 단순한 기술의 문제가 아니라 시민의 권리와 사회적 포용의 문제로 다뤄야 한다.

AI 시대의 디지털 격차는 단지 정보기술에 대한 접근 여부를 나타내는 것을 넘어, 사회문화적 자본의 보유와 교육 수준, 그리고 정보 해석 능력 등 심화한 양극화로 확산하고 있음을 나타낸다(김문조, 2020). 디지털 격차는 단순히 '기술을 갖췄나'의 문제가 아니라, 그 기술을 '어떻게' '무엇을 위해' 사용하는가의 문제로 이행하고 있으며, 이는 곧 시민 개개인의 역량, 자기 결정권, 사회 참여 수준을 결정짓는 중요한 변수가 되고 있다.

김영연(2025)의 기고문은 기술의 발전 속도에 비해 이를 제도적으로 따라가지 못하는 사회 구조를 지적하며, 디지털 접근성과 관련된 정책이 항상 뒷북을 치고 있는 현실을 비판한다. 특히 장애인, 고령층, 농어촌 지역 거주자 등 정보 취약 계층에는 여전히 디지털 공간이 배제의 공간임을 실증적으로 보여 준다. 단순한 기기 보급이나 와이파이와 같은 정보통신 기술의 확충을 넘어서 디지털 콘텐츠의 인식 가능성, 조작 가능성, 사용 맥락까지 고려한 총체적인 디지털 접근성 개념이 필요하다(Hollimon et al., 2025). 그는 단순한 접근(Accessibility)을 넘어 적절성(Adequacy), 수용성(Acceptability), 경제성(Affordability), 이용 가능성(Availability)이라는 4A 기준을 적용할 것을 주장했다.

우수한 외(2024)의 연구는 일반 국민과 정보 취약 계층 간의 디지털 격차를 장기적 관점에서 비교·분석하며, 정보 취약 계층의 접근성과 활용 격차가 시간의 흐름에도 불구하고 완화되지 않고 오히려 굳어지는 경향을 보여 준다. 이는 기술이 발전할수록 격차가 줄어드는 것이 아니라, 오히려 디지털 불평등이 새로운 계급 구분선이 될 수 있음을 시사한다.

디지털 격차를 단계별로 구분할 수 있는데 이는 디지털 기술이 사회에 미치는 영향이기도 하다(van Dijk, 2020).

첫째, 컴퓨터, 스마트폰, 인터넷 등 디지털 기기에 물리적으로 접근할 수 있는 능력의 차이인 '접근의 격차'다. 저소득층은 비용의 문제로 고속 인터넷이나 디지털 기기에 접근이 어려울 수 있다. 또한 국내 인터넷 보급률이 세계적으로 높은 편이지만 사회적 취약 계층인 고령층, 저소득층, 장애인, 농어촌 거주자에게는 여전히 디지털 접근성이 열악하다.

둘째, 디지털 기기를 단순히 소유하는 것이 아닌 효과적으로 작동하는 '능력의 차이'다. 사용 능력의 격차는 교육 수준, 나이와 밀접한 관련이 있다. 키오스크의 작동이 생소하고 조작법을 모르는 고령층과 장애인은 사용 능력의 격차를 보여 주는 예다.

셋째, 디지털 기술을 어떤 목적으로 어떻게 활용하는지 '활용 형태의 격차'다. 사회관계망서비스(SNS)나 오락 중심으로 디지털 기기를 사용하는 사람이 있지만 교육과 취업, 금융거래 등 삶의 질을 향상하는 데 디지털 기기와 서비스를 사용하는 사람도 있다. 이는 정보 소비 수준을 넘어 정보 생성과 사회 참여로 이어지는 격차가 될 것이다.

넷째, 디지털 기술을 통해 얻는 사회적, 경제적 '성과의 격차'다. 같은 기술을 사용하더라도 더 나은 일자리, 정보 접근, 교육 기회의 결과는 다르게 나타난다. 이런 격차는 삶의 질과 기회 격차로 이어져 사회적 배제를 심화할 것이다. 이러한 접근성 문제는 소통의 문제로도 직결된다. 디지털 공간은 시민들이 의견을 나누고 사회에 참여하는 새로운 장이 되었지만, 여기에 접근하지 못하거나, 접근하더라도 자신의 의견을 충분히 표현하지 못하는 시민은 사실상 디지털 공간에서 소외될 수 있다.

디지털 소통의 공정성과 다양성은 결국 디지털 리터러시, 사회적 역량, 포용적 정책 설계에 달려 있으며, 시민 개개인이 기술을 중심으로 소통하는 것이 아니라 기술을 매개로 타인과 인간적으로 연결되는 구조를 만들어야 한다.

진정한 디지털 시민사회는 기술 중심이 아니라 사람 중심이어야 한다. 누구나 디지털 기기에 접근하고, 정보에 자유롭게 접속하며, 그 정보와 감정과 생각을 타인과 나누고, 사회적 의사 결정 과정에 참여할 수 있어야 한다. 그리고 이를 실현하기 위해서는 단순한 하드웨어 공급만이 아닌, 디지털 시민 교육, 디지털 포용 정책, 사회적 기반 구조의 변화가 병행돼야 할 것이다.

AI 시대, 디지털 접근의 위기

AI 기술은 디지털 격차를 더욱 악화하고 있다. 단순히 디지털 기기로 정보를 검색하고 읽는 수준이 아닌 AI가 제공하는 결과를 분석하고 비판적으로 검토할 수 있는 고차원적 디지털 역량이 요구되고 있다. AI 기반 시스템의 혜택은 고학력, 고소득, 도시 거주자에게 집중된다는 연구가 있다(우수한 외, 2024).

생성형 AI의 경우, 학력의 수준에 따라 프롬프트 작성 능력이나 할루시네이션(Hallucination, 환각 현상) 등 결과의 허위 사실을 판단하는 능력의 차이가 있다. AI 서비스는 무료와 유료로 제공되는데, 이는 소득의 차이로 디지털 격차를 보일 수 있다는 것을 시사한다. AI 서비스에 대한 교육 활동 기회도 농어촌 지역보다 도시 거주자에게 많은 것이 사실이다.

디지털 격차 해소와 디지털 소통

현재도 다양한 디지털 격차가 있지만, AI 시대에는 더 심화할 것이다. AI 시대의 디지털 접근성과 소통을 보장하기 위해서는 단순한 기술 보급만이 아닌 다차원적 접근과 전략이 필요하다.

실질적으로 디지털 접근성을 높이기 위해서는 디지털 취약 계층에게 저렴한 비용으로 인터넷과 디지털 기기를 제공해야 한다. 즉 공공 와이파이를 확대하고, 저소득층과 고령층에게는 중고 스마트폰이나 태블릿을 지원하는 정책이 병행돼야 한다.

시민 참여 기반의 디지털 소통 플랫폼을 개발해야 한다. 시민들이 지역사회의 의사 결정 및 소통에 참여할 수 있도록 모바일 기반 디지털 주민 참여 앱이나 커뮤니티 플랫폼을 개발해 확산해야 한다. 즉 지역 예산 편성, 행사 참여, 민원 제안 등을 디지털로 할 수 있다면 능동적인 시민 참여를 보장할 수 있을 것이다.

디지털 역량 강화를 위한 다양한 교육이 필요하다. 지역 도서관, 주민센터 등 공공 기관을 중심으로 세대 간 디지털 멘토링 프로그램과 디지털 리터러시와 AI 활용 교육이 이루어져야 한다. 디지털 교육은 학교나 온라인 강의로 국한돼서는 안 된다. 생활밀착형 공공시설에서 정기적으로 디지털 역량 교육이 운영돼야 한다. 이를 통해 학력과 나이, 지역적 디지털 격차를 줄일 수 있다.

디지털 공간에서 소통하는 능력은 타인을 존중하고 정보를 정확하게 작성하고 받을 수 있는 역량이다. 따라서 SNS 예절, 댓글과 이메일 작성 요령, 화상 회의 예절 등의 실용적인 디지털 역량 교육이 이뤄져야 한다. 또한 나이별 맞춤 커리큘럼으로 가짜 뉴스 구별법, 프라이버시 보호, 공감 표현 등 디지털 소통 능력 향상 교육도 포함돼야 한다.

디지털 취약 계층인 장애인, 고령자도 쉽게 사용할 수 있도록 디지털 제품과 서비스가 설계돼야 한다. 가령 음성 인식, 점자 지원, 간단한 메뉴 구성, 다양한 언어 선택 기능이 포함돼야 디지털 접근성을 확보할 수 있을 것이며 사회적 소외를 줄일 수 있다. 마지막으로 디지털 접근성과 소통을 위해 장기적인 안목으로 국가, 지자체 중심의 지원이 이뤄져야 할 것이다.

참고문헌

김문조(2020). "AI 시대의 디지털 격차". 《지역사회학》, 21(1), 59~88쪽.

김영연(2025). "디지털 격차, 왜 항상 반복되는가: 앞서가는 기술과 뒷북치는 접근성". 《함께걸음》, 408, 14~23쪽.

우수한 외(2024). "디지털 격차의 장기 추세 분석: 일반국민과 정보취약계층 비교 연구". 《한국전자거래학회지》, 29(3), 107~145쪽.

한국지능정보사회진흥원(2025). "2024 디지털정보격차 실태조사". https://www.nia.or.kr/site/nia_kor/ex/bbs/List.do?cbIdx=81623

Hollimon, L. et al.(2025). Redefining and solving the digital divide and exclusion to improve healthcare: going beyond access to include availability, adequacy, acceptability, and affordability. *Frontiers in Digital Health, 7.*

van Dijk, JAGM(2020). the digital divide. Polity Press.: A review of the research agenda. *Telematics and Informatics, 34*(8), pp.1657~1674.

04
디지털 문해력

하루에도 수백 개의 정보를 검색하고 수용하며 공유한다. 그중 어떤 정보가 진실이며, 어떤 정보가 왜곡됐는지 판단하기가 결코 쉽지 않다. 복잡한 디지털 환경 속에서 시민이 갖추어야 할 핵심 역량이 바로 '디지털 문해력'이다.
디지털 문해력은 단순한 기술 활용 능력이 아니라 정보를 이해하고, 분석하고, 비판적으로 수용하는 능력을 포함한다. 디지털 문해력의 정의, 판별 능력, 생성형 AI의 영향, 교육적 대응 방안을 중심으로 AI 시대 시민의 새로운 문해력 기준을 살펴본다.

청각장애인과 AI?

디지털 문해력이란 무엇인가?

디지털 문해력은 단순한 기술 사용 능력을 넘어, 디지털 환경 속에서 정보를 이해하고 비판적으로 수용하며 윤리적으로 활용하는 능력을 의미한다. 이는 전통적인 문해력에 디지털 기술, 정보 판별, 윤리적 책임이 결합된 개념이다(교육부 공식 블로그, 울디릿).

디지털 환경에서 AI가 생성하는 콘텐츠는 끊임없이 등장하며 정보 생산 속도도 빨라졌고 디지털 문해력은 정보 사회의 생존을 좌우하는 필수 역량이 되었다. 디지털 시민은 읽고 쓰는 능력뿐 아니라 '어떤 정보가 왜 만들어졌는지'를 이해할 수 있어야 한다.

디지털 문해력은 과거 '컴퓨터를 잘 다루는 능력' 정도로 이해되었지만 지금은 AI 기술과 빅데이터, 알고리즘까지 아우르는 복합적인 시민 역량의 개념으로 발전하고 있다. 이는 단지 읽고 쓰는 수준이 아니라 정보를 생산하고 평가하고 재구성하는 전 과정에 대한 이해와 비판적 태도를 요구한다.

예를 들어, 우리가 온라인에서 뉴스를 소비하거나 SNS에서 친구의 게시물을 볼 때, 그것이 자연스럽게 나에게 도달한 것처럼 느끼지만, 실제로는 플랫폼의 알고리즘에 의해 철저히 선별된 결과일 수 있다. 유튜브 추천

영상, 인스타그램 피드, 뉴스 앱 속 기사들은 모두 나의 클릭, 관심, 위치 등을 반영해 구성된 '선택된 현실'이다. 이러한 맥락을 이해하지 못하면 디지털 시민은 정보의 수동적 소비자로 전락할 수 있다.

디지털 문해력은 다음과 같은 질문을 일상적으로 던지게 한다.

"이 게시물의 정보 출처가 무엇인가?"

"이 뉴스는 AI가 자동으로 작성했을 가능성이 있는가?"

"제시된 이미지는 합성(딥페이크)일 수 있는가?"

더불어 개인이 '내가 만든 댓글 · 포스팅이 누군가에게 어떤 영향을 줄 수 있을까'를 숙고하는 태도 또한 포함된다.

정보 과잉과 가짜 뉴스 시대의 판별력

디지털 환경에서는 누구나 손쉽게 정보를 생산하고 공유할 수 있는 만큼, 허위 정보와 가짜 뉴스도 빠르게 퍼질 수 있다. 넘치는 정보 속에서 진실을 가려내는 판별력의 중요성은 갈수록 커지고 있다(EBS, 2020). 디지털 시민은 정보의 출처, 제작 의도, 사실 여부를 분석할 수 있는 판별력을 갖춰야 한다. '정보를 수용하는 능력'만큼이나 '분별할 줄 아는 능력'도 중요한 시대다(박인우 · 이효진, 2024).

현대 디지털 사회는 정보의 양보다 질, 속도보다 신뢰가 더욱 중요해진 시대다. 정보 과잉(Information overload)으로 사용자는 정보를 '선택하는 것'만으로 피로를 느끼며, 이러한 상황에서 빠르고 자극적인 가짜 뉴스가 사람들의 판단력을 흐린다. 특히 AI는 클릭 수와 상호작용 데이터를 기반으로 정보를 추천하기 때문에, 사실보다 '흥미' 기준으로 정보가 유통되는 문제가 심각하다.

대표적인 사례로, 대규모 사회 사건(예: 코로나19, 대선, 지진 등)이나 유명 연예인의 이슈가 터질 때마다 확인되지 않은 소문, 조작된 이미지 · 영상이 SNS, 카톡 단체방, 유튜브 등을 타고 급속히 확산된다. 최근에는 AI 음성 합성으로 유명 인사가 한 말처럼 유포하는 'AI 목소리 가짜 뉴스', AI로 자동 생성하는 '뉴스 봇'을 통한 허위정보가 문제로 떠오르고 있다. 이에 따라 디지털 시민은 정보를 비판적으로 소비하는 능력을 갖춰야 한다. 구체적으로, 정보의 3단계 판별법을 익힐 필요가 있다. ① 출처 확인, ② 날짜 확인, ③ 사실 여부 교차 검증.

AI 기반 팩트체크 도구인 '구글 팩트체크 툴(Google

fact check tool)', '스놉스(snope)' 등을 활용해 정보 검증 활동을 수업에 도입할 수 있다.

학교나 도서관에서는 '가짜 뉴스 판별 챌린지', '정보 탐정 수업', '뉴스 편집실 체험 활동' 등을 운영해 실전 감각을 길러 줄 수 있다.

생성형 AI와 디지털 콘텐츠의 비판적 읽기

생성형 AI는 텍스트, 이미지, 영상 등 다양한 콘텐츠를 빠르게 만들지만, AI가 만든 정보는 때로 사실과 허구가 혼재해 있다. AI는 학습 데이터에 따라 오류와 편향을 그대로 드러낼 수 있기 때문이다. 우리는 생성형 AI가 제시하는 콘텐츠를 무비판적으로 받아들이지 않고, 어떻게 만들어졌는지, 윤리적 문제까지 함께 고려하며 읽어야 한다. 이는 읽는 능력을 넘어서, 'AI의 의도와 한계를 이해하고, 의심하고 질문하는 태도'를 요구한다.

생성형 AI는 인간이 입력한 짧은 문장을 바탕으로 기사, 요약문, 이미지, 음악, 영상까지 자동 생성한다. 이는 생산의 민주화이자 동시에 새로운 위험을 동반한다. 생성형 AI는 학습한 데이터를 기반으로 콘텐츠를 생성하기 때문에, 데이터에 편향이 있으면 결과물도 왜곡될 수 있다. 더욱이 AI는 그럴듯한 문장을 만들어 내지만, 그 내용의 진실 여부를 스스로 검증하지 않는다.

예컨대, 챗GPT로 '특정 인물의 일화'나 '어떤 사회적 논쟁'에 대해 사실 확인 없이 답변을 요청할 경우, AI는 실제로 존재하지 않는 사례나 통계, 날짜를 답변할 때가 있다. '딥페이크' 기술로 제작된 유명인의 가짜 동영상도 점차 정교해져, 진짜와 구별이 어려울 정도다.

우리는 다음과 같은 실천 전략이 필요하다.

'AI가 쓴 글 vs 인간이 쓴 글 비교하기', 'AI에게 윤리적 질문 던지고 답 분석하기' 활동을 통해 생성형 AI의 한계와 가능성을 함께 탐색할 수 있다. 학교 수업에서는 생성형 AI를 도구로 활용하고, 그 결과물을 함께 검토하고 오류나 편향을 찾아내는 활동을 중심에 두어야 한다. 콘텐츠 플랫폼은 AI 생성 콘텐츠에 'AI 생성 여부'를 자동 표시하고, 사용자 신고 시스템을 통해 신뢰도 점수를 매길 수 있도록 제도화할 필요가 있다.

디지털 문해력 교육의 필요성과 방향

디지털 문해력은 단기간에 습득되는 기능이 아니라, 일생을 통해 길러야 할 핵심 시민 역량이다. 특히 AI 시대에는 정보 이해, 비판적 사고, 윤리적 판단 능력이 더욱 중요해지고 있다(김미경, 2022).

어린이와 청소년부터 모든 세대가 정보 판별, 비판적 사고, 올바른 디지털 습관을 체계적으로 익혀야 한다. 이에 따라 디지털 문해력 교육은 학교 교육뿐 아니라 평생교육 차원에서도 체계적으로 다뤄야 한다.

디지털 환경에서 정보가 '진실의 여부'보다 '도달 속도'에 따라 평가되고, AI가 정보를 생산하는 시대에 인간은 비판적 사고 없이는 조작된 정보에 휘둘릴 수밖에 없다. 따라서 교육은 기술 중심이 아닌 시민성 중심으로 전환돼야 한다. 단순히 도구를 배우는 것이 아니라, 정보 생태계를 이해하고 윤리적으로 대응할 수 있는 능력을 기르는 방향으로 나아가야 한다. 국내외 여러 국가에서는 초중등 교육과정에 '미디어 리터러시'와 'AI 리터러시' 교육을 필수화하는 추세다. 예를 들어 핀란드는 초등생부터 '뉴스 팩트체크 · 이미지 진짜/가짜 구별 · AI 콘텐츠 분석' 등 실습 위주의 교육을 학교에서 진행하고 있다(김여라, 2019). 국내 일부 중학교는 사회/정보 교과에서 가짜 뉴스 판별 활동, 유튜브 합성 영상 감별 실험, AI로 뉴스 작성하기 워크숍을 실시한다(박하나, 2021). 교육 현장에서는 다음과 같은 실천 방안이 고려될 수 있다.

초등학교: '나의 하루 정보 사용 일기 쓰기', '진짜 뉴스 찾기'

와 같은 놀이 기반 활동을 통해 정보에 대한 감수성을 키운다.

중고등학교: '팩트체크 리포트 작성', '생성형 AI 활용 프로젝트', '정보 생성 과정 모의 체험' 등을 통해 판단과 분석 능력을 기른다.

대학 및 평생교육: 플랫폼 알고리즘 분석 수업, 딥페이크 판별 실습, AI가 만든 이미지 감별 워크숍 등을 통해 시민적 비판력을 강화한다.

실제 생활 속 사례와 체험이 녹아들고, 누구나 즉시 실천 가능한 구체적 방안이 포함돼야 디지털 문해력 함양이 생활화될 수 있다.

참고문헌

교육부 공식블로그. "디지털 리터러시, 정보를 읽는 능력을 키워라". https://if-blog.tistory.com/13288

김미경(2022). "미래교육 전망: UNESCO 교육의 미래와 OECD 교육 2030을 중심으로(RRO 2022-1)". 한국교육과정평가원.

김여라(2019). "디지털 시대의 미디어 리터러시 해외 사례 및 시사점". 국회입법조사처.

박인우·이효진(2024). 《인공지능과 교육》. https://wikidocs.net/120669

박하나 외(2021). "국내외 디지털 리터러시 교육과정 분석".

《교육문화연구》, 27(5), 75~101쪽.

울디릿(Uldilit). "디지털리터러시 구성요소".
https://use.go.kr/uldilit/literacy/literacy_2.jsp

한국지능정보사회진흥원(2023). "디지털 심화 시대, 디지털 리터러시 강화 방안".

EBS(2020). "디지털 리터러시 교육 1부: 정보를 읽는 능력을 키워라".
https://www.ebs.co.kr/tv/show?prodId=130728&lectId=20248310

05
디지털 권리와 책임

우리는 단순히 정보를 사용하는 소비자가 아니라, 데이터를 제공하고 알고리즘의 영향을 받는 존재다. 기술이 발전할수록 우리는 '무엇을 할 수 있는가'와 더불어 '어떻게 행동해야 하는가'를 끊임없이 고민해야 한다.
디지털 권리의 개념 변화, 알고리즘의 편향성 문제, AI 결정과 인간 책임의 관계, 윤리적 AI 규제와 실천적 시민 역할을 구체적으로 논의한다.

AI 콘텐츠 크리에이터?

디지털 권리의 재정의

디지털 시대, 우리의 권리는 기존의 단순한 정보 접근권과 개인정보 보호를 넘어 데이터 주권, 알고리즘 투명성, 정보의 자기결정권, 설명을 요구할 권리 등으로 확장되고 있다(한국지능정보사회진흥원, 2023). 특히 AI 시대에는 시민이 기술의 객체가 아닌 주체로서의 권리를 재정의할 필요가 있다.

우리는 이제 "무엇을 할 수 있는가"가 아니라 "무엇을 알고 통제할 수 있는가"를 질문해야 한다. 디지털 권리는 기술적 진보에 따라 끊임없이 확장되고 재구성된다.

데이터 중심 사회와 AI 시대에 접어들면서, 시민은 자신의 디지털 흔적과 AI 알고리즘이 자신에게 미치는 영향을 알 권리를 요구하게 되었다. 예전에는 이름, 주소, 전화번호 같은 개인정보 보호가 디지털 시민의 핵심 권리였다면, 지금은 '내 데이터가 AI에 의해 어떻게 사용되고 있는가', '누가 나의 데이터를 수집하고 분석하는가', '알고리즘이 내게 노출하는 정보가 공정한가' 등 훨씬 복잡한 권리로 확장되고 있다. '설명받을 권리', '데이터를 삭제할 권리', '개인정보 자동처리 거부권', '알고리즘 차별로부터 보호받을 권리' 등은 모두 새로운 디지털 권리의 범주에 포함된다(과학기술정보통신부, 2023).

2025년 제정된 「디지털포용법」은 바로 이러한 변화된 권리를 제도적으로 보장하기 위한 시도다. 예를 들어, 고령자나 장애인이 공공서비스를 이용할 때 디지털 환경에 대한 접근성을 보장받는 것도 단순한 복지가 아니라 디지털 권리의 문제다. 플랫폼 알고리즘에 의해 정보가 왜곡되거나 배제되는 현상, 기업이 수집한 개인정보가 무단으로 활용되는 문제 역시 새로운 권리 논의의 대상이다.

교육 현장에서는 '디지털 권리 선언문 만들기'와 같은 활동을 통해 학생들이 권리를 스스로 정의하고 주장하는 경험을 하도록 한다. 일반 사용자는 포털, SNS, 앱에서 설정 가능한 개인정보 수집 · 활용 항목을 주기적으로 점검하고, 권리를 행사하는 법적 절차를 인지할 필요가 있다. 또한 AI 플랫폼(음성비서, 챗봇 등) 사용 시 수집되는 데이터 범위와 활용 목적을 사전에 일일이 확인, 동의 · 철회 · 수정 여부를 살펴야 한다.

알고리즘의 편향성과 시민의 책임

AI 알고리즘은 방대한 데이터를 기반으로 작동하지만, 그 과정에서 편향과 차별이 발생할 가능성이 높아졌다. 알고리즘의 결과는 시민들의 삶에 직접적인 영향을 미치지만, 시민들도 데이터 제공자이자 비판적 소비자로서 책임 있는 태도를 가져야 한다. 편향된 알고리즘의 문제를 단순히 기술의 문제로만 여길 수 없고, 편향을 감시할 수 있는 역량과 책임 있는 주체적 역할이 더욱 중요해졌다.

실제 사례로, 채용 AI가 지원자의 이력에 기반을 두고 특정 성별이나 학교 출신자에게 불이익을 주거나, 온라인 쇼핑몰 추천 알고리즘이 일부 제품만 반복 노출해 선택의 다양성을 해치는 현상이 있었다. 또 얼굴 인식 AI가 소수 인종을 잘못 식별하거나, 유튜브·틱톡 추천 시스템이 극단적 콘텐츠를 확산시키는 알고리즘 편향성이 사회적 논쟁이 되고 있다.

이런 사례들은 단지 데이터셋이나 기술자만의 문제가 아닌, 불평등한 데이터 구조에 무비판적으로 참여하고 방치해 온 사회 전체 시민의 책임도 함께 돌아봐야 함을 보여 준다. 예를 들어, 내가 올리는 평점, 댓글, 검색 기록 모두가 AI에게 학습 데이터로 제공된다. 비판 없이 클릭하는 행동, 지나치게 감정적·극단적 댓글 작성 등이 AI 편향성 강화에 영향을 줄 수 있다.

따라서 지금 우리에게 필요한 것은 단지 '문제 지적'이 아니라 데이터 제공과 서비스 이용 단계에서 스스로 책임 의식을 가지며 행동하는 적극적 시민성이다. 시민의 책임은 단지 기술을 사용하는 데 그치지 않는다. 알고리즘을 의심하고 감시하는 시선이 필요하다.

인터넷 또는 앱 이용 시 내가 남긴 모든 데이터(검색 · 활동 · 댓글 등)도 AI 학습 재료임을 인식하고, 감정적 댓글 · 허위 정보 제공을 삼가야 한다(홍선기, 2023). AI 윤리 가이드라인(예: 알고리즘 투명성 요구, 개인정보 비식별화 등)에 관심을 갖고, 각종 기업 · 공공 캠페인에 참여하는 것도 좋은 실천 전략이다.

AI의 결정, 인간의 책임

AI는 점점 더 많은 곳에 적용되면서 그 결정의 윤리적 · 법적 책임 소재가 새로운 논쟁점이 되고 있다. AI가 내린 판단이 잘못이었을 때 최종적 책임은 누구에게 있는가? 인간은 AI가 내린 결정을 무비판적으로 따르지 않고, 여전히 통제권과 책임 의식을 가져야 한다. 인간의 적극적 개입과 책임 인식이 AI 시대 시민성의 핵심이 되고 있다. 기술은 도구일 뿐이며, 도구의 윤리성은 사용하는 사람에 의해 결정된다.

AI는 병원 진료, 금융 승인, 법률 자문, 교육 평가 등 다양한 분야에서 인간을 대신해 결정을 내리고 있다. 하지만 그 결정으로 문제가 발생하면 책임은 누구에게 있나? 많은 경우 개발자, 기업, 사용자, 사회 모두 책임을 회피하는 구조가 만들어진다. 그러나 AI는 인간의 판단을 보조할 수 있을 뿐, 책임은 결코 위임되지 않는다.

예컨대 자율주행차가 사고를 일으켰을 때 '누가 브레이크를 밟지 않았나'보다 중요한 질문은 '누가 AI에게 그 판단 기준을 입력했나'다. 또 AI 채점 시스템이 특정 배경의 학생에게 불리하게 작동할 경우, 그 결과를 누가 감수해야 하는가? 결국 AI는 도구일 뿐이며, 그 도구가 내린 결정을 받아들이는 '인간의 태도'가 핵심이다.

실제 국내외 여러 사건에서, AI가 내린 결정 뒤에 사용자인 시민이 무조건 따르지 말고, 결과를 검토하고 오류를 발견하면 반드시 '사람'에게 이의를 제기할 수 있어야 한다는 시민의 권리가 강조되고 있다. 또한 AI 시스템 도입에 앞서 명확한 책임 소재(예: 개발자, 서비스 제공자, 관리자, 사용자 구분)를 규정해야 한다는 사회적 공감대도 빠르게 확산 중이다.

AI를 사용하는 시민은 단순 수동적 이용자가 아니라 "결과에 대해 질문하고, 오류와 위험을 바로잡을 수 있는 책임 있는 주체"임을 늘 자각해야 한다.

AI 규제와 윤리적 원칙

세계 각국은 AI 위험 관리와 윤리 확립을 위한 다양한 법 · 제도적 규제를 도입하고 있다. 유럽연합의 AI 법안, 경제협력개발기구(OECD)의 원칙, 한국의 AI 윤리 기준 등은 인간 중심의 기술 개발을 강조한다(김정언 외, 2023). 기술 발전을 저해하지 않으면서도 사회적 신뢰와 공공선을 지키기 위한 균형이 중요한 과제다. 우리는 '가능한 기술'보다 '바람직한 기술'을 우선할 수 있어야 한다.

유럽연합은 2024년 「AI 규제법(AI Act)」을 통과시켜, 고위험 AI(예: 신원 식별, 의료 진단, 대출, 채용 등) 분야에 '설명 가능성, 투명성, 인권 보호' 등 강력한 규제를 적용하기 시작했다. 국내에서도 'AI 윤리 기준', 'AI 윤리 자율점검표' 등이 마련되어 AI 개발 · 운영 기업에 투명성, 정보 공개, 책임 주체 명확화 등의 강령을 요구하고 있다. 최근 챗봇 · 생성형 AI 확산으로, 'AI가 작성한 콘텐츠' 표기 의무화, 딥페이크 금지, 알고리즘 감사 등 정책 논의도 활발하다. 하지만 현실은 기술의 속도가 규제보다 빠르다. 게다가 기업 주도의 AI 개발은 '책임 있는 기술'보다 '경쟁력 있는 기술'을 우선하는 경향이 강하다. 이로 인해 윤리 기준이 선언에 머무르고, 실제 현장에서는 적용되지 않는 경우가 많다.

학교 교육에서는 'AI 윤리 헌장 만들기', '사례로 보는 AI 윤리 실천 게임' 등의 활동을 통해 윤리를 생활화할 수 있도록 한다. 일반 사용자는 'AI가 바꾼 일상 속 문제'를 꾸준히 발굴하고 목소리를 낼 수 있는 디지털 참여자로 행동해야 한다.

책임 있는 디지털 시민, 실천 방안

디지털 사회에서 시민은 단순한 기술 사용자에 머물지 않고, 정보 활용 · 생산의 주체로서 주도적 역할을 해야 한다. 개인정보 보호, 허위 정보 확산 방지, 알고리즘 감시 등에 적극 참여해야 한다. 사회적 합의와 시민 교육, 참여적 감시 등 실천적 노력이 책임 있는 디지털 시민을 만드는 핵심 조건이다. 작은 실천이 모여 신뢰받는 디지털 공동체를 만들어 갈 수 있다(디지털윤리).

책임 있는 디지털 시민은 자신의 온라인 활동이 사회 전체에 어떤 영향을 미치는지 숙고하며 행동해야 한다. SNS에서 유행했던 악의적 여론 조작, 비방 댓글, 허위 리뷰 등을 생산 · 유포하지 않고, 오히려 그런 현상에 제동을 걸 수 있는 적극적 참여를 실천해야 한다. 즉, '책임 있는 디지털 시민'은 거창한 지식보다 구체적인 습관과 태도 속에 존재하는 것이다. 예를 들어, 개인정보 설정을 주기적으로 점검하거나, 출처 없는 정보를 공유하지 않거나, AI 챗봇과의 상호작용에서 윤리적인 질문을 던지는 행동 등은 작지만 중요한 실천이다. 동시에 사회적으로 논란이 되는 AI 윤리 이슈나 알고리즘 투명성 요구 캠페인 등에 참여하며, 온라인·오프라인에서 '디지털 권리와 책임' 교육을 다른 이들과 함께 실천·확산시키는 참여적 시민의 모습이 요구된다.

직접적인 실천이 모일 때 사회 전체의 신뢰와 새로운 디지털 민주주의가 실현된다.

참고문헌

과학기술정보통신부(2024). 《누구나 쉽게 읽는 디지털 권리장전 해설서》.

김정언 외(2023). "해외 디지털 기본권 추진 동향". 《KISDI AI Outlook》, 15, 1~17쪽.

디지털윤리. "디지털 시대 시민되기(권리와 책임)". https://xn--2z1b40gs9nlqcf0n.kr/front/digital/digitalcitizenDetail.do?dcId=DC_0000000000000134

한국지능정보사회진흥원(2023). "디지털 권리 보장을 위한 선언문 및 헌장".

홍선기(2023). "디지털 권리장전과 표현의 자유". 《언론중재》, 58~65쪽.

06
디지털 보안과 활용

디지털 환경에서 개인정보 유출, 해킹, 피싱 등 디지털 침해 사고가 빈번하다. 디지털 침해 사고의 실태를 살펴보고, 디지털 침해 대비를 위한 보안 의식의 중요성에 대해 다룬다. 디지털 보안은 단지 기술 문제나 기기의 관리 문제가 아니다. 디지털 환경에서 개인과 기관, 사회 전체의 안전과 권리를 지키기 위한 디지털 시민의 기본 역량인 것이다.

AI와 민주주의?

디지털 침해 사고

2024년 사이버 위협 동향 보고서 하반기 자료에 따르면 2022년 1142건, 2023년 1277건, 2024년 1887건의 디지털 침해 사고가 신고 되었다 (한국인터넷진흥원, 2025). 2024년 상반기 침해사고 신고는 899건으로 전년 상반기 대비 35% 증가했고, 하반기는 988건으로 전년 하반기 대비 61% 증가했다. 이는 공격자의 해킹 경유지 악용으로 서버 해킹이 많이 증가했기 때문이다.

디지털 침해사고는 크게 디도스(DDOS) 공격, 랜섬웨어(Ransomware)를 포함한 악성코드 감염, 서버 해킹 및 기타(스팸 문자 및 메일 발송)로 나눌 수 있다. 디도스 공격은 악성코드에 감염된 컴퓨터 장비 여러 대가 특정 사이트에 동시 접속해 대량의 요청(트래픽)을 보내 정상적인 서비스를 제공하지 못하게 만든다. 즉 은행이나 쇼핑몰 사이트에 악성코드에 감염된 수많은 컴퓨터 장비가 동시에 접속해 사이트 서버를 다운시키는 것이다. 국내에서도 2023년 코레일 사이트가 디도스 공격으로 마비된 사례가 있다(유연수, 2023).

랜섬웨어는 개인이나 서버 컴퓨터 시스템에 접근해 파일을 암호화한 뒤 파일 복구를 위해 가상화폐 등 금전을 요구하는 공격이다. 주로 악성 소프트웨어나 이메일의 첨부파일을 통해 사용자 컴퓨터에 접근하며 최근 의료, 교육 분야에서 증가하고 있다. 이는 병원의 환자와 관련된 중요한 문서 자료를 암호화해 진료를 방해함으로써 환자의 생명에 치명적인 영향을 미칠 수 있다(송혜리, 2025).

가장 큰 침해 사고는 서버 해킹으로 전체의 50% 이상을 차지한다. 서버 해킹은 데이터베이스, 웹서버의 취약성을 이용해 서버 시스템에 무단 침입한 후 회원 정보나 금융 정보를 탈취하거나 시스템에 악성코드를 심어 랜섬웨어로 이어지는 공격이다. 이는 시스템의 업데이트 누락, 관리자의 비밀번호 관리 소홀 등이 주요 원인이다. 또 서버 해킹은 공격자의 해킹 경유지 악용과 더불어 보안 관리가 취약한 중소기업의 홈페이지를 타깃으로 악용한 공격 증가와도 관련이 있다. 2024년 6월 한국연구재단 학술지 논문 심사 시스템 해킹으로 인한 12만 건 이상의 개인정보 유출(강푸른, 2025), 2025년 4월 SK텔레콤의 유심 정보 유출 사건은 서버 해킹 침해의 대표 사례다. SK텔레콤 사례는 해커가 장기간 전산망에 침투해 유심 관련 인증 정보를 대량으로 수집한 사건이다(선담은, 2025). 이를 통해 개인 전화 번호 복제, 금융 정보 도용, 계정 해킹으로 사용자들은 개인정보 유출로 심각한 위협을 겪었다. 이는 단순히 기업 보안의 실패를 넘어 시민의 일상과 재산 안전에 직결 되어 디지털 보안의 중요성을 다시금 상기시켰다.

기타 유형의 침해인 정보 유출, 스팸 문자 및 메일 발송도 2023년에 비해 2024년 많이 증가하였는데, 상반기에 비해 하반기의 신고 건수가 많은 것은 하반기 연말 행사 등 연령대별 관심사를 노린 사회 공학적 피싱 공격이 증가했기 때문이라고 분석된다(한국인터넷진흥원, 2025).

디지털 시민의 필수 역량, 디지털 보안

디지털 보안은 단지 기술 문제나 기기의 관리 문제가 아니다. 디지털 환경에서 개인과 기관, 사회 전체의 안전과 권리를 지키기 위한 디지털 시민의 기본 역량이다.

편리한 디지털 환경이지만 다양한 위험도 동반한다. 개인은 일상적으로 스마트폰, 태블릿 기기를 통해 온라인 쇼핑, 인터넷 뱅킹까지 업무를 처리한다. 하지만 편안한 업무 처리는 모두 개인정보 유출, 해킹 피싱, 랜섬웨어 등의 보안 위협에 노출된다. 즉 디지털 사회는 누구나 사이버 범죄의 대상이 될 수 있는 환경으로 디지털 보안은 선택이 아닌 필수다.

디지털 보안을 위해 전문가가 아닌 일반 시민도 일상

에서 실천할 수 있는 다음과 같은 핵심 원칙을 제시한다 (Sadiku et al., 2021; Hernandez & Arrufat, 2022).

첫째, 디지털 환경에서 개인정보는 꼭 필요한 범위 내 최소 공개하고, 민감한 정보는 공유하지 않는다. 둘째, 신뢰할 수 없는 이메일이나 문자에 포함된 링크는 클릭하지 않고, 의심스러운 파일은 열지 않는다. 셋째, 공공 와이파이나 불분명한 네트워크는 가능한 한 사용하지 않고, 사용하더라도 VPN으로 공용네트워크에서 개인 데이터를 암호화, 사용자의 IP주소를 숨겨 개인정보 보호가 가능한 가상 사설망을 사용한다. 넷째, 비밀번호는 영문 대소문자, 숫자 특수문자를 조합해 설정하고 주기적으로 변경한다. 다섯째, 콘텐츠를 작성할 때는 신중하게 작성한다. 오프라인과 같이 사실적 내용과 도움이 될 수 있는 정보를 작성하되, 게시물을 접하는 사람에게 용기를 줄 수 있는 꼭 필요한 내용을 친절하게 작성하는 것이 필요하다. 여섯째, 백신을 포함해 이용하는 프로그램은 항상 최신 버전으로 업데이트해 보안 취약점을 최소화한다. 일곱째, 랜섬웨어나 하드웨어 손상에 대비해 중요 데이터는 외부 저장장치에 정기적으로 백업한다.

보안 사고는 기술적 취약뿐 아니라 사용자의 의식과 행동 부재로 인해 발생이 빈번하며 피해 규모도 커질 수 있다. 따라서 보안 기술 발전과 더불어 시민 개개인의 보안 의식 교육과 행동 습관이 사고를 막는 필수 조건이다 (Sadiku et al., 2021; Hernandez & Arrufat, 2022) .

보안 의식의 중요성

디지털 침해는 나날이 정교해지고, 단순한 해킹을 넘어 AI와 빅데이터를 이용한 표적 공격도 증가하고 있다. 디지털 침해에 대비하기 위해서는 디지털 보안 기술에만 의존해서는 안 된다. 보안 기술이 발전된다고 해도 사용자의 인식과 태도가 중요하다(Sadiku et al., 2021).

카카오톡은 디지털 기기에서 사용되는 대표적인 메신저다. 하지만 개인정보 유출, 해킹, 악성코드 감염 등 보안에 취약하다. 하지만 사용자들은 편의와 많은 사용자로 빈번하게 이용한다. 개인적인 사용에서도 개인정보 유출에 유의해야 하지만 공공기관과 회사에서 카카오톡과 같은 사설 메신저 서비스 사용을 지양한다.

편의성보다는 보안 취약점 때문으로 회사나 공공기관은 내부 인트라넷을 사용해야 하고 인트라넷에서 지원하는 메신저를 사용한다. 하지만 개인의 편의로 인해 이런 메신저 사용의 규칙을 어긴다면 회사 정보의 유출은 시간문제다. 그렇기 때문에 직원들을 대상으로 한 디지털 보안 교육으로 보안 의식을 높이고, 디지털 환경을 안전하게 이용하는 습관을 길러 주어야 한다.

보안 기술이 개인의 디지털 침해를 지켜 주는 것에는 한계가 있다. 개인이 스스로 보안의 중요성을 알고 보안 기술을 활용하는 것이 필요하다. 이는 디지털 시민성 역량에 가장 필요한 덕목이다.

참고문헌

강푸른(2025.6.13). "연구자 12만 명 개인정보 유출… 개인정보위, 한국연구재단 조사 착수". KBS뉴스. https://news.kbs.co.kr/news/pc/view/view.do?ncd=8278347

선담은(2025.4.22). "SKT "해킹당했다… 가입자 유심 정보 유출 의심" 자진 신고". 한겨레. https://www.hani.co.kr/arti/economy/it/1193613.html

송혜리(2025.6.14). "환자 목숨 담보로 돈 요구… 의료기관 노린 랜섬웨어 '껑충'". 동아일보. https://www.donga.com/news/Economy/article/all/20250614/131806155/1

유연수(2023.2.6). "코레일톡 전산시스템 장애로 출근길 불편… 중국발 디도스 공격 추정". 더파워뉴스. https://www.thepowernews.co.kr/view.php?mobile=1&ud=2023020616114699557988l8e98b_7

한국인터넷진흥원(2025). "2024년 하반기 사이버 위협 동향 보고서". https://www.kisa.or.kr/20205/form?postSeq=1027&page=1

Sadiku, M. N. O. et al.(2021). Digital Safety. *International Journal*

Of Scientific Advances, 2(5), pp.793~796. https://doi.org/10.51542/ijscia.v2i5.21

Torres-Hernandez, N. & Gallego-Arrufat, M.-J.(2022). Indicators to Assess Preservice Teachers' Digital Competence in Security: A Systematic Review. *Education and Information Technologies, 27*(6), pp.8583~8602. https://doi.org/10.1007/s10639-022-10978-w

07
AI가 디지털 시민성에 미치는 영향

생성형 AI, 챗봇, 딥페이크, 가상현실 등 다양한 AI 기술은 디지털 시민성의 양면성을 보여 준다. AI 기술은 정보의 접근성과 온라인 시민 참여와 같은 민주주의를 강화한 긍정적 영향을 가져왔지만, 가짜 뉴스와 디지털 격차와 같은 부정적 영향도 있다. 이런 AI 기술이 디지털 시민성에 미치는 긍정적 영향과 부정적 영향, 디지털 시민으로서 요구되는 자세와 사회적 책임을 다룬다.

AI와 애니메이션?

AI 기술과 일상 속 사용

AI는 컴퓨터나 기계가 사람처럼 생각하고 배우고 문제를 해결하는 능력을 갖추게 하는 기술이다. 사람의 지능적인 행동을 흉내 낼 수 있도록 만든 컴퓨터 프로그램이 바로 AI다. 대표적으로 생성형 AI인 챗GPT, 달리(DALL-E), 미드저니(Midjourney) 등과, 음성 비서인 시리(Siri)와 빅스비(Bixby), 유튜브와 넷플릭스 등 콘텐츠 추천 알고리즘, 자율주행 시스템 등이 있다.

생성형 AI

2022년 생성형 AI의 대표 서비스인 챗GPT의 등장은 사회 각 분야에 큰 충격을 주었다. GPT는 대화형 AI 모델로 대규모 텍스트 데이터를 학습해 다양한 작업에 사용할 수 있는 언어 모델이다(IBM, 2024). 오픈AI가 개발한 대화형 AI인 챗GPT는 주어진 텍스트 다음에 오는 단어를 예측해 자연어 처리 및 생성함으로써 사용자의 질문에 적절한 대답을 제공한다.

챗GPT의 이용자는 빠른 속도로 증가해, 2023년 12월 기준 약 1억 8000만 명이었는데 2025년 6월에는 약 8억 명이 이용한다는 통계가 있다(Demand Sage, 2025). 하지만 챗GPT는 거짓 정보를 그럴듯하게 답변하는 할루

시네이션 현상도 보이므로 챗GPT를 사용할 때는 대답의 정확성을 비판적으로 분별할 필요가 있다.

달리(DALL-E)도 오픈AI가 개발한 이미지 생성형 기계 학습 모델이다. 예술가 살바도르 달리(Salvador Dalí)와 애니메이션 로봇 월E(WALL-E)를 합성해 이름을 만들었다(OpenAI). 새로운 이미지도 생성하고, 기존 이미지를 편집하고 스타일을 확장하는 기능도 제공한다.

미드저니(Midjourney)는 텍스트를 이미지로 변환하는 생성형 AI 기술이다. 사용자가 상상하는 장면이나 디자인, 캐릭터 등을 문장으로 표현하면, 문장에 따라 이미지를 생성한다.

AI 추천 알고리즘

흔히 사용하고 있는 유튜브, 쿠팡은 사용자의 정보를 분석해 사용자가 선호할 만한 아이템을 추측하고 필터링해 콘텐츠를 제공한다.

AI 추천 알고리즘은 넷플릭스와 유튜브 등의 스트리밍 서비스와, 쿠팡이나 아마존과 같은 전자상거래, 멜론과 같은 음악 플랫폼에 사용된다. 서비스를 제공하는 시스템은 사용자의 클릭, 검색 기록과 구매 내역 등으로 자료를 수집한다. 수집된 데이터는 머신러닝 기술로 분석

되고 필터링 기법과 알고리즘으로 사용자가 선호할 만한 콘텐츠나 상품을 추천 결과로 제공한다. 이런 AI 기반 서비스는 협업 필터링, 콘텐츠 기반 필터링 크게 나뉜다.

우선 협업 필터링이란 기존 사용자의 사용 이력, 검색 기록, 구매 내역 등의 행동 정보를 분석해 성향이 비슷한 사용자에게 기존 사용자가 좋아했던 항목을 추천한다. 즉 사용자와 비슷한 패턴을 가진 기존 사용자의 정보를 토대로 행렬 분해(Matrix Decomposition)나 'K-최근접 이웃 알고리즘(k-NN)'을 활용해 아이템을 추천한다.

콘텐츠 기반 필터링은 콘텐츠 자체를 분석해 아이템을 추천한다. 즉 아이템과 사용자의 프로파일을 추출해 유사성을 계산한다. 고유 콘텐츠의 프로파일을 군집 분석, 인공신경망 알고리즘으로 분석해 사용자 프로파일과 유사한 콘텐츠를 추천한다(인공지능 수첩, 2023). 하지만 아이템 자체 속성만 분석하기에 비디오, 사진, 음악 등 다양한 아이템을 동시에 분석 및 추천하는 것은 불가능하다.

이런 AI 추천 알고리즘은 방대한 정보 속에서 개인의 취향에 맞는 콘텐츠를 빠르게 검색할 수 있다는 장점이 있다. 하지만 추천 알고리즘은 사용자가 선호하는 정보만 반복적으로 제공함으로써 편향된 인식을 유발하는 필터버블과 왜곡된 정보가 강화되는 정보 편향과 프라이버시 문제 등 부정적인 영향을 가져온다(Westerwick & Westerwick, 2021).

필터버블은 자신의 취향과 관심사, 과거 검색 이력에 따라 맞춤형으로 제공되는 정보에 반복적으로 노출되는 현상으로 자신이 지지하는 정보만 노출되어 잘못된 생각이 고착될 수 있다는 문제점이 있다(Bruns, 2019).

디지털 시민성의 영향

AI 시대, 시민성은 기술에 대한 이해를 갖추어야 할 뿐 아니라 윤리적 책임을 함께 가져야 한다. AI 기술이 디지털 시민의 삶을 편리하게 만들지만 부정적인 사회적 영향을 확산할 수도 있다. 이에 따라 단순한 기술의 활용을 넘어 비판적 사고와 디지털 권리 인식을 갖춘 시민의 역할이 더욱 중요해지고 있다. 디지털 시민은 AI 기술이 사회를 더 나은 방향으로 이끄는 도구가 되도록 감시하고, AI 기술 사용에 책임을 지는 주체로 성장해야 한다.

AI는 디지털 시민의 권리와 책임을 확장할 뿐 아니라 다음과 같은 다양한 사회적 영향을 수반한다.

첫째, 시민 참여 독려로 민주주의를 활성화한다. 2025년 하반기부터 국민신문고와 민원 정보 분석 시스템에 생성형 AI 기술이 도입된다(박현진, 2025). 국민신문고는 온라인으로 민원을 처리하는 서비스로 인공지능 기술의 도입으로 민원인의 질문에 즉시 적합한 대응을 할 것으로 기대되며, 민원 데이터를 기반으로 국민의 불편이나 고충에 신속하게 대응할 것이다(국민권익위원회, 2025).

둘째, 정보 접근의 확대와 편향의 양면을 보인다. AI 기반의 검색 및 추천 기능은 빠른 정보 탐색을 가능하게 하지만, 동시에 알고리즘 편향과 필터버블로 사용자는 특정 정보만 소비하게 된다. 필터버블은 관심 있는 주제의 정보를 빠르고 쉽게 얻을 수 있게 하지만, 다양한 정보를 접하지 못하게 해 사용자의 극단적 이념 성향이 강화될 수 있다. 검증되지 않은 정보를 사용자가 선호한다면 허위 정보에 반복 노출될 가능성이 있다. 더욱 문제인 것은 다양한 관점을 가지지 못해 사고의 폭이 좁아진다는 것이다. 알고리즘이 제공하는 정보를 비판적으로 판단하는 능력과 정보의 출처를 탐색하고 검증하는 능력이 디지털 시민성 교육으로 필요하다. 2024년과 2025년 비상계엄과 대통령 탄핵 사태에서도 경험했듯 필터버블이 사회적 분열과 가짜 뉴스 확산으로 이어질 수도 있다.

셋째, 디지털 시민권의 불평등 심화를 가져온다. AI

활용 격차는 디지털 소외 현상을 심화한다. AI와 관련된 교육을 받지 못하거나 접근성이 낮은 저소득, 고령, 농어촌 계층은 공공서비스나 정보 이용에서 배제될 위험이 있다(Bruns, 2019). AI 면접에서 특정 성별과 고령층이 불이익을 받는 외국의 채용 사례도 있듯이, AI 면접의 결과는 객관적으로 근거를 제시할 수 없어, 구직자들이 AI 면접 준비에 어려움을 겪고 있는 것이 사실이다(이현주, 2023). 이렇듯 AI 활용 격차는 시민의 권리를 침해할 수 있어 주의가 필요하다.

마지막으로, 생성형 AI를 악용한 허위 정보 확산, 딥페이크 성범죄 영상 제작 및 배포로 디지털 윤리 문제를 가져온다. 디지털 시민은 AI 기술을 이해하고 AI의 한계와 위험을 인지해 비판적으로 활용해야 할 것이다.

참고문헌

국민권익위원회(2025.6.23). ""민원분석, AI 기술을 만나다." … 더 빠르고 정확한 민원 답변 가능해져". https://www.innovation.go.kr/ucms/bbs/B0000037/view.do?nttId=18103&menuNo=300083&pageIndex=1

박현진(2025.6.30). ""국민신문고, 생성형AI 도입" … AI기반 민원처리서비스 혁신 시동". AI타임스. https://www.aitimes.kr/news/articleView.html?idxno=35476

이현주(2023.4.18). "AI 면접관 앞에 선 인간··· 알고리즘은 운명을 가르는 '권력자'". 한국일보.
https://www.hankookilbo.com/News/Read/A2023041117060004881

인공지능 수첩(2023).
https://nerds.tistory.com/category/AI%20%EC%9D%B8%EA%B3%B5%EC%A7%80%EB%8A%A5

Bruns, A.(2019). *Are Filter Bubbles Real?*. Polity Press.

Demand Sage(2025.8.14). ChatGPT Statistics.
https://www.demandsage.com/chatgpt-statistics

IBM(2024). What is Generative AI.
https://www.ibm.com/kr-ko/think/topics/generative-ai

Knobloch-Westerwick, S. & Westerwick, A.(2021). Algorithmic personalization of source cues in the filter bubble: Self-esteem and self-construal impact information exposure. *New Media & Society, 25*(8).
https://doi.org/10.1177/14614448211027963

OECD(2025a). AI and the future of social protection in OECD countries, OECD Artificial Intelligence Papers, No.42. Publishinhttps://www.oecd.org/en/publications/ai-and-the-future-of-social-protection-in-oecd-countries_7b245f7e-en.html

OECD(2025b). Artificial intelligence.
https://www.oecd.org/en/topics/artificial-intelligence.html

OpenAI. DALL·E: Creating Images from Text.
https://openai.com/dall-e

08
디지털 시민성을 위한 초중등 교육

디지털 사회는 청소년에게 무한한 가능성을 제공하는 동시에 사이버 괴롭힘, 개인정보 유출, 허위 정보 확산 등 새로운 위험을 동반한다. 특히 학생들은 온라인 정보의 신뢰성을 가려내지 못하거나, 가짜 뉴스와 알고리즘 편향에 반복 노출되면서 정보 편향이 심화하는 상황에 놓인다. 이런 환경 속에서 책임감 있는 태도와 건전한 정보 활용 습관을 기르는 디지털 시민성 교육은 필수 과제다.

AI와 인재 채용?

2022 개정 교육과정과 디지털 시민성

'2022년 개정 교육과정'은 미래 사회의 변화에 따라 학습자는 자기 주도적이고 창의적인 사람으로 성장할 수 있도록 지원하는 것이 목표다. 특히 디지털 교육과 AI 교육 환경에 맞는 교수학습 및 평가 체제 구축을 강조하고 있다(교육부, 2022).

2022 개정 교육과정은 AI · 디지털 전환 시대에 맞는 교수 · 학습과 평가 체제 구축을 강조한다. 학생들이 스스로 학습을 설계하고 새로운 지식을 창출하며, 변화하는 사회에 유연하게 대응하는 역량을 기를 것을 요구한다. 이를 위해 자기관리, 지식정보처리, 창의적 사고, 협력적 소통 등 6대 핵심 역량이 제시되었으며, 이 과정에서 디지털 문해력과 시민성은 모든 역량의 기반으로 작동한다(OECD, 2025). 주요 개정 내용과 디지털 문해력을 포함한 디지털 시민성 교육의 중요성이 대두되고 있다(박기범, 2024). 미래 사회에 대응할 수 있는 능력에 다양한 교과 특성에 맞게 디지털 기초 소양을 반영해야 한다. 아울러 학생 개개인의 인격적 성장뿐 아니라 구성원 모두의 행복을 위한 공동체 의식을 강화해야 한다고 강조한다. 이는 디지털 시민성 교육의 중요성을 확인하는 부분이다.

2022 개정 교육과정에서 정보 교과 교육과정은 디지털 대전환 시대의 사회적 요구 사항을 반영해 설계되었다. 정보 교과 핵심 역량인 지식정보처리는 디지털 시민성의 미디어 리터러시와 협력적 소통과 공동체 역량은 디지털 시민성의 디지털 윤리와 비판적 저항과 연결될 수 있을 것이다.

정보 교과는 교과의 역량이 발현될 수 있도록 다음의 목표를 가지고 구성되었다(교육부, 2022). 첫째, 데이터와 정보를 다루는 컴퓨팅 시스템에 대한 이해를 기반으로 데이터 처리 능력을 기른다. 둘째, 문제를 발견하고 이해해 다양한 해법을 설계하고, 프로그램을 구현해 가는 자동화의 중요성을 이해하고 실천하는 태도를 기른다. 마지막으로, 디지털 세상을 살아가기 위한 윤리를 실천하고, AI로 인한 세상의 변화를 이해하고 AI로 문제를 해결하기 위한 능력과 태도를 갖춘다.

즉 2022년 개정 교육과정의 정보 교과는 디지털 대전환이라는 시대의 흐름을 반영해 수업 시간을 68시간으로 기존 34시간에서 2배 확대했고, AI와 빅데이터 등 디지털 기술에 대한 수업 내용을 강화했다(김희진, 2025).

특히 고등학교 선택과목으로 AI, 소프트웨어와 데이터 과학과 같은 컴퓨터 관련 전문교과를 개설해 대학교에서 다루는 심화 내용의 학습도 가능하다. 이는 학생들이 안전하고 책임 있는 사용자이자 생산자로 성장하도록 한 조치다.

초등학교 디지털 시민성 교육 사례

디지털 시민성 교육은 초등교육의 연구가 36%를 차지한다(이영선 외, 2022). 연구 대상자 언급이 없는 논문 39%와 합하면 75%를 차지하며, 초등 국어나 사회 교과 등 각 교육 과목에서 디지털 시민 성 교육이 활발하게 연구되었다. 또한 각 시도 교육청의 자료도 초등 교육에 집중되어 있다.

초등 교육과정은 교과과정과 창의적 체험 활동으로 나뉜다. 창의적 체험 활동은 학생 주도성 및 민주 시민성 함량 강화를 위한 자율, 자치활동, 동아리, 진로로 나눠 구성되는데,「원격교육법」제10조 디지털 기반의 원격교육 활성화 기본법에 따라 디지털 시민성 교육이 의무화되었다(경기도교육청, 2023).

또한 교과교육 과정의 다양한 지능 정보 기술 및 도구를 활용해 효율적인 학습을 지원할 수 있도록 디지털 학습 환경을 구축한다는 주요 개정 내용이 포함되었다.

국어 교과는 공동 교육과정에 매체 영역을 신설해 초

등부터 체계적 · 종합적 매체 관련 내용을 학습하도록 하고, 도덕 교과도 디지털 역량에서 사이버 공간에서 발생하는 문제와 디지털 사회에서 발생하는 다양한 문제들을 탐구하는 디지털 시민성 교육을 강조하고 있다. 4학년 도덕에서는 사이버 공간에서 지켜야 할 정보통신 윤리를, 6학년에서는 인간과 AI 로봇 간 관계를 탐구해 윤리적 관계 형성의 필요성을 배운다(경기도교육청, 2023).

실과 교과는 '디지털 사회와 AI' 영역이 신설되어 정보 수업 시수가 17시간에서 34시간 이상으로 늘었다(교육부, 2022). 디지털 기초 소양 함양을 강화하기 위해 '디지털 사회와 AI'가 실과 내 정보 교육으로 편성되었으며, 중학교 정보 교과와 연계될 수 있게 했다. 예를 들어 6학년, 4단원에서는 생활 속 디지털 기술의 중요성을 이해하고, 디지털 기기와 디지털 콘텐츠 저작 도구를 사용해 발표 자료를 만들면서, 디지털 기기의 활용 능력을 기르고, 제작한 발표 자료를 사이버 공간에 공유하고, 건전한 정보기기의 활용을 실천한다. 5단원 디지털 사회와 AI에서는 컴퓨터를 활용한 생활 속 문제 해결 사례를 탐색하고 일상생활 속 문제를 해결하기 위한 알고리즘을 다양한 방법으로 표현한다. AI가 만들어지는 과정을 체험하고, AI가 사회에 미치는 영향을 탐색한다.

경기도교육청은 '디지털 시민 역량 교육 실천학교'를 마련해 정규교과에서 디지털 에티켓, 개인정보 보호, 저작권, 사이버 폭력 대응, 메타버스를 활용한 디지털 윤리 활동을 진행했다. 창의적 체험 활동이나 자율 시간으로 능곡초등학교의 미디어 클래스는 특화된 미디어 리터러시 프로그램으로 디지털 시민성 향상에 이바지했다(경기도교육청, 2023).

중학교 디지털 시민성 교육 사례

중학교의 정보 교과 시수는 34시간에서 68시간 이상으로 확대되었다(교육부, 2022). 이에 학교 자율적으로 과학, 기술 · 가정, 정보 교과군 내 시수를 조정하거나 학교 자율 시간을 활용해 시수를 확보할 수 있어 다양한 융합 수업이 가능하다.

《2022 개정 교육과정 총론 해설서》에 따르면 학생들이 디지털 대전환에 대응하도록 AI와 소프트웨어 교육을 강화하며, 맞춤형 학습 지원을 위해 디지털 플랫폼, 시뮬레이션, 게임 기반 학습을 활용하고 학습 데이터 분석을 통해 개인화된 피드백을 제공한다. 또한 기초 프로그래밍 원리를 이해해 정보 관리 능력, 디지털 윤리, 안전 및 보안 의식을 강화하도록 했다.

정보 교과는 컴퓨팅 시스템, 데이터, 알고리즘과 프로그래밍, AI, 디지털 문화 등 5개 대단원으로 구성된다(교육부, 2022). 특히 '디지털 문화' 단원은 개인정보 보호, 저작권, 스마트폰 과의존 및 게임 과몰입 등 구체적인 사례를 다루며 책임 있는 디지털 사회 구성원의 태도를 탐구한다.

기술 · 가정 교과에서는 정보통신과 AI 기술이 생활에 미치는 영향을 분석하고 건강한 또래 관계 및 지속 가능한 기술 활용을 탐구하도록 한다.

도덕 교과는 '디지털 시대 시민 되기' 단원에서 디지털 정체성과 온라인 권리 · 책임, 윤리적 의사 결정을 심화 학습한다. 예를 들어 3단원 기술적 문제 해결과 혁신은, 기술의 의미와 특성을 이해하고 기술의 발달에 따른 사회의 변화를 파악하며 미래의 기술과 사회의 변화를 평가하고 예측함으로써 기술에 대한 가치를 인식한다.

기술적 문제 해결 과정의 이해를 바탕으로 문제를 확인하고, 정보를 수집하며 확산적 사고와 수렴적 사고를 통해 해결 방안을 탐색하고 대안을 선정한다. 4단원 지속 가능한 기술과 융합은 정보통신과 AI 기술의 사례를 탐구하고, 정보통신과 AI 기술이 우리 삶에 미치는 영향을 다양한 관점에서 평가한다. 정보통신과 AI 기술 관련 문제를 이해하고 해결 방안을 탐색, 실현, 평가함으로써 긍정적인 문제 해결 태도를 보인다.

디지털 시민성 수업의 사례는 도덕 교과의 '디지털 시대 시민 되기' 단원으로 디지털 정체성과 권리와 책임, 온라인 행동 판단으로 시민의식 및 윤리적 의사 결정 능력을 강화하도록 했다.

단원중학교의 '인권 감수성 함양 프로젝트'를 통한 디지털 시민성 함량 사례는 메타버스를 활용한 인권 방탈출을 통해 인권의 의미를 이해하고 스마트 기기를 활용해 우리 사회 속에서 발생하고 있는 인권 침해 사례를 분석하고, 확장된 시선으로 자신의 삶과 연결되도록 했다.

자율교육 과정으로 진행된 소하중학교의 '아날로그 감성을 품은 디지털 시민성 ON/OFF 세상 넘나들기' 프로젝트는 디지털 정체성, 책임과 존중, 소통, 사회 참여를 통합적으로 다루며 학생 주도성을 강화했다(경기도교육청, 2022).

고등학교 디지털 시민성 교육 사례

교육부가 제시한 《2022 개정 교육과정 고등학교 총론 해설서》에 따르면 디지털 기기 활용 능력, 프로그래밍 기초, 전자 정보 관리와 분석, 디지털 윤리 의식 및 보안 능력을 필수 역량으로 디지털 리터러시와 보안을 강조하고, 개인화 학습과 맞춤형 교육을 위해 에듀테크와 AI를 활용한 수업 설계 및 운영의 필요성을 강조한다.

고등학교 정보 교과는 선택과목에서 일반선택 교과로 변경되었지만, 시수에는 큰 변동이 없다. 다만 정보 교과 외 AI 기초, 데이터 과학, 소프트웨어와 생활 등 정보와 관련된 다양한 과목이 진로 선택 과목으로 세분되었다(교육부, 2022).

정보 교과는 유무선 네트워크의 특성을 이해하고, 컴퓨팅 시스템 간 공유, 협력, 소통을 위한 네트워크 환경을 구성한다. 암호화의 개념을 이해하고 암호화를 활용해 데이터를 안전하게 관리하는 사례를 비교 · 분석한다. 지능 에이전트의 개념과 특성을 이해하고 인간과 AI의 관계를 분석한다. 보호해야 할 정보와 공유해야 할 정보를 구분하고 올바른 정보 보호 방법을 실천한다. 정보보안의 필요성을 이해하고, 보안 기술을 활용해 디지털 윤리를 실천한다(김희진, 2025).

기술 과정 교과, 6단원에서는 지속 가능한 융합 공학, 빅데이터, 사물인터넷, AI 등 최신 기술을 통해 정보통신 공학을 이해하고 정보통신 공학의 활용 사례를 탐구해 정보통신 기술을 윤리적으로 활용하는 태도를 보인다. 초연결 사회와 정보통신 관련 공학 문제를 공학적 문제 해결 과정을 통해 해결하고, 산출물 평가로 공학적 의사소통의 중요성을 인식한다. 다양한 지식과 융합된 공학의 세계를 탐구하고 융합 공학 문제를 해결하며 그 과정에서 공학에 대한 긍정적 태도와 공학 윤리 실천의 중요성을 인식한다(OECD, 2025).

수업 사례로 별내고등학교의 '디지털 시민 역량을 키우는 별빛 미래 교육'이 있다. 해당 수업에서는 올바른 디지털 시민 정체성 확립을 위해 디지털 사회 구성원으로 소통하는 미래 공동체 의식을 함양하도록 했다(경기도교육청, 2023).

고등학생의 '학교 과제 수행 시 챗GPT 활용을 허용해야 한다'로 교내 토론을 진행하였고, 활동을 통해 생성형 AI의 개념과 올바른 활용법 디지털 시민 역량 등에 대해 학생 스스로 탐구하는 기회를 제공했다. 또한 디지털 시민으로서 필요한 바른 자세와 태도 함양을 위한 캠페인 활동으로 디지털 윤리에 관한 포스터 제작과 전시를 진행하였으며 디지털 상황에 따른 격려 댓글 달기 활동으로 자유로운 의사소통의 기회를 제공했다.

디지털 시민성 교육은 학생 개개인이 디지털 공간에

서 책임 있는 시민으로 성장할 수 있도록 돕는 핵심 교육 과제이며, 공동체의 지속 가능한 발전에 이바지하는 중요한 기반이다. 디지털 시민성 교육은 국어, 도덕, 실과, 정보, 기술·가정 등 다양한 교과와 창의적 체험 활동, 자율 수업을 통해 통합적으로 이루어질 때 효과가 극대화된다.

향후 모든 학생이 동등하게 디지털 시민성 교육에 접근할 수 있도록 디지털 기기와 네트워크 인프라를 확충해 디지털 불평등을 해소해야 하며 AI와 디지털 시민성 관련 최신 기술과 교육 방법론에 대한 연수 확대로 교사의 전문성도 강화해야 할 것이다. 사회적 변화와 기술 발전에 대응해 교육 내용을 주기적으로 업데이트함으로써 지속적인 교육이 되도록 정부의 지원이 필요하다.

참고문헌

경기도교육청(2023). “2022 디지털 시민교육 기초학교 운영사례집”. https://www.goe.go.kr/goe/na/ntt/selectNttInfo.do?nttSn=1030686&mi=10961

경기도교육청(2024). “2023 디지털 시민역량교육 실천학교”. https://www.goe.go.kr/goe/na/ntt/selectNttInfo.do?nttSn=1043209&mi=10961

교육부(2022). “2022 개정 교육과정 총론 해설서(중학교, 고등학교)”.

김희진(2025). “ChatGPT를 활용한 디지털 시민성 수업 제안:

고등학교 정보 교과 중심". 아시아태평양융합연구교류논문지》, 11(1), 225~234쪽.
박기범(2024). 《기억에서 연결의 시대로 디지털 시민성 교육》. 어가.
서울시교육청. "2022개정 교육과정의 이해". https://www.sen.go.kr/www/eduinfo/edumaterial/curriculum/curriculum_1.jsp
에듀넷. "초등 교육과정". https://www.edunet.net/cmnBoard/view/31/103554
이영선 외(2022). "디지털 시민성 관련 국내 연구 동향 분석". 《교육문화연구》, 175~199쪽.
이준 외(2020). "중·고등학생의 디지털 시민성 교육을 위한 디지털 시민성 요구도 및 디지털 시민성 교육에 관한 인식 분석". 《교원교육》, 123~144쪽.
OECD(2025). Trends Shaping Education 2025. OECD Publishing. https://doi.org/10.1787/ee6587fd-en

09
디지털 시민성 교육을 위한 지향점

디지털 기술과 AI가 인간의 사고와 판단, 사회적 관계까지 영향을 미치는 시대에 시민 교육의 방향도 변화가 필요하다. 교육은 더 이상 지식의 전달에 머무르지 않고, 실천적 역량을 기르는 방향으로 전환돼야 한다. 인간 중심의 AI 활용, 세대별 시민 교육, 평생학습과의 연계는 모두 새로운 교육 패러다임의 핵심 요소다. AI 시대에 디지털 시민성이 어떻게 변화하고 있으며, 그에 따라 교육은 어떤 방향으로 전환돼야 하는지 구체적으로 살펴본다.

AI와 기자?

AI 시대 디지털 시민성의 변화

디지털 시민성은 더 이상 '디지털 기기 활용 예절'에 머물지 않는다. 이제 시민성은 오프라인의 의무와 권리를 넘어, 디지털 환경에서의 윤리, 책임, 연대 의식까지 포괄하는 개념으로 확장된다.

AI가 사회 결정 구조에 개입하는 시대, 시민은 정보에 접근하고 이를 비판적으로 해석하며 공동체에 참여하는 능력을 갖춰야 한다. 기존의 시민성이 법과 제도 중심이었다면, 이제는 데이터 · 알고리즘 · 플랫폼에 대한 감수성이 필요하다. 변화하는 사회 속에서 새로운 시민성의 기준과 가치가 무엇인지 성찰이 필요한 시점이다.

과거 시민성이 국가의 법과 주어진 권리 · 의무를 지키는 일에 한정됐다면, 이제 디지털 시민은 정보의 이용자이자 감시자, 그리고 공동체의 책임 있는 일원으로 행동할 수 있어야 한다. 예컨대 과거 시민성이 '투표에 참여하는 권리'였다면, 오늘날 시민성은 '알고리즘에 의해 어떤 정보가 나에게 전달되는가를 인식하는 책임'까지 포함한다. 또 공적 대화에 참여하는 방식도 오프라인 토론이 아니라 온라인 청원, 댓글, 디지털 캠페인 등으로 바뀌었다. '좋아요'를 누르는 행위 하나도 공론 형성의 일부가 될 수 있는 시대인 것이다.

이에 따라 교육은 디지털 시민성의 변화된 정의를 반영해야 한다. 정치와 사회과 교육에서는 공공 알고리즘의 작동 원리를 소개하고, '의사 결정에 AI가 개입했을 때의 윤리적 딜레마'를 탐구한다. 미디어 교육은 참여형 디지털 행동(디지털 저항, 해시태그 캠페인, 비판적 댓글 쓰기 등)을 통해 시민적 실천의 디지털 형태를 가르칠 수 있다. AI 윤리 교육은 '기술과 권력'을 주제로 한 수업을 통해, 기술이 만들어 낸 권력 구조에 대한 감수성과 책임 의식을 길러 주는 방향으로 진행해야 한다.

교육의 전환: 지식에서 역량으로

교육은 지식의 축적을 목표로 삼지만, AI 시대에는 문제를 인식하고 협업하며 책임 있게 행동하는 역량이 더 중요해졌다. 비판적 사고력, 창의적 문제 해결 능력, 소통과 협업 능력 등, 역동적 사회에서 주체적으로 살아갈 수 있는 능력이 더욱 중요하다. 단순한 지식 습득을 넘어, 다양한 사회 · 기술적 상황에 능동적으로 대처할 수 있는 역량 중심 교육이 필수가 되고 있다. 이런 변화는 교육 내용과 방식의 혁신을 요구한다.

기존 교육은 '정답'을 가르치고 암기하는 데 초점을 맞췄다. 그러나 AI 시대는 '정답 찾기'보다 '문제를 비판적으로 재정의하고, 공동으로 해결하는 역량'이 더 중요하다. 디지털 시민성 교육 역시 단순한 지식 전달이 아니라, 실천적 역량 중심의 교육으로 전환해야 한다.

이를 위해 4C 역량인 비판적 사고(Critical Thinking), 창의성(Creativity), 소통(Communication), 협업(Collaboration)뿐 아니라 데이터 읽기, 알고리즘 이해, AI와의 협업 능력 등 AI 시대 시민의 필수 역량을 포함해야 한다. 핀란드는 교과별 지식 암기 과정을 폐지하고 프로젝트형 수업(PBL), 토론 · 문제 해결 중심의 시민 교육을 도입했다. 학생이 뉴스 댓글을 분석하고, 생성형 AI로 요약문을 만든 뒤, 그 내용을 토론을 통해 검증하는 프로젝트는 복합적 시민 역량을 기르는 교육적 실천 방법일 수 있다(한국청소년정책연구원, 2025; 최원기 외, 2022).

구체적인 교육 전환 방안은 다음과 같다(UNESCO, 2024).

- 프로젝트 기반 수업: 예를 들어 "AI는 중립적인가?"라는 주제로 자료 수집, AI 응답 분석, 토론, 발표까지 포함한 시민적 탐구 수업을 구성할 수 있다.
- 실천 중심 활동: 학생이 실제로 청원 글을 작성하고 온라인에 올려 피드백을 받아 보는 '디지털 시민 행동' 프로젝트

수업을 운영할 수 있다.

- 협업형 문제 해결: 예를 들어 '가짜 뉴스를 줄이기 위한 지역사회 캠페인 만들기'처럼 팀 기반 활동을 통해 협업과 창의적 해결 능력을 함양할 수 있다.
- AI와의 협업 훈련: 챗GPT, 퍼플렉시티(Perplexity), 제미나이(Gemini) 등의 생성형 AI를 비교하고, 어떤 경우에 어떤 도구가 적절한지 판단하는 실습도 역량 중심 교육의 좋은 예다.

인간 중심 AI를 위한 교육의 원칙

AI와 인간의 협업 시대에 교육의 가장 중요한 원칙은 '인간 중심'이어야 한다(한국교육학술정보원, 2024). AI 기술은 도구로 활용하면서, 공감, 책임, 창의성처럼 기계가 대체하기 힘든 인간적 가치를 우선할 필요가 있다. 교육은 학생들이 데이터 · 알고리즘 이면의 윤리, 다양성, 포용성 등 인간적 요소를 이해하고 실천할 수 있도록 방향을 잡아야 한다. 기술과 인간의 조화를 이루는 교육 원칙이 그 어느 때보다 절실하다.

AI가 인간을 대체하는 것이 아니라 인간을 보조하고 확장하는 방향으로 작동하기 위해서는 교육이 기술 중심이 아닌 인간 중심의 원칙을 세워야 한다(디지털윤리,

2019; 한국청소년정책연구원, 2025). 이는 AI의 한계를 가르치는 것을 넘어, 기술을 사용하는 인간의 태도와 윤리적 감수성을 중심에 두는 교육을 의미한다.

교육 원칙은 다음과 같이 구체화할 수 있다(Council of Europe, 2019; 박기범, 2024)

- 설계 단계에서 인간의 판단 우선 원칙을 강조한다. AI의 결정은 '보조적'이며 최종 판단은 반드시 인간이 수행해야 함을 분명히 한다.
- 교육 내용에 '윤리적 갈등 시나리오'를 포함한다. 예: "자율주행차가 보행자와 탑승자 중 누구를 보호해야 하는가?"
- 학생 참여형 AI 윤리 선언문 만들기 활동으로, 교육 대상자가 스스로 인간 중심 원칙을 수립하고 고민해 보게 한다.

평생학습과 시민 교육의 연계

AI와 디지털 기술의 발전으로 지식과 직업의 변화 속도가 빨라지면서 시민 교육 또한 평생 지속될 필요성이 커졌다. 평생학습은 개인의 자기 계발뿐 아니라, 책임 있는 디지털 시민으로 성장하는 데 핵심 역할을 한다.

일터, 사회, 학교를 넘나드는 다양한 교육 기회를 연계함으로써, 모든 세대가 변화에 능동적으로 대응할 수 있다. 사회 전체가 함께 성장하는 평생 시민 교육 체계 구축이 앞으로의 지향점이다.

기술 변화 속도가 빠르기 때문에 학교 교육만으로는 충분하지 않으며, 성인과 고령층도 새로운 기술 환경에 적응하고 시민적 판단력을 키울 수 있어야 한다. 이에 따라 평생학습 체계에 디지털 시민 교육이 통합돼야 하며, 지역사회와 공공 플랫폼을 기반으로 연령별 · 세대별 디지털 시민 교육이 마련돼야 한다. 예를 들어, 중장년층을 대상으로 한 '디지털 금융사기 예방' 프로그램, 청년을 위한 'AI와 진로 탐색', 고령층을 위한 '스마트폰 활용과 뉴스 판별' 강좌 등이 사회 각계에 도입되고 있다. 하지만 여전히 대부분의 평생교육은 기능 중심이며, 시민성 교육은 부차적인 수준에 머물러 있다.

좀 더 적극적 실천 방안은 다음과 같다. 지자체 평생학습관에서 '디지털 시민 교양 프로그램'을 정례화하고, AI · 데이터 · 윤리 · 정보 판별을 주제로 한 통합 강좌를 운영한다. 성인 대상 워크숍에서 'AI와 나의 삶 워크북', '디지털 권리 자가진단 표' 등을 활용해 성찰 중심의 시민 역량을 키운다. 은퇴 세대를 위한 교육에서는 디지털 사회에서의 사회 참여 방식(온라인 커뮤니티, 공론장 참여, 디지털 자원봉사 등)을 안내할 수 있다. 학교 밖 청소년 · 이주민 등 소외 계층 대상 시민성 교육도 AI 격차를 줄이는 핵심 요소다. 포괄적이고 공정한 학습 접근성을 보장해야 한다.

참고문헌

김현자 외(2023). 《디지털 시민역량교육 실천학교의 접근 및 전개 양상 분석》. 경기도교육연구원.

디지털윤리(2019). "중고등학교 교사를 위한 디지털 시민교육 활용 가이드북". https://xn--2z1b40gs9nlqcf0n.kr/front/archive/archiveDetail.do?searchArchiveId=ARC000000000611

박기범(2024). 《기억에서 연결의 시대로 디지털 시민성 교육》. 어가.

최원기 외(2022). "2022 디지털 시민성 함양을 위한 시대적 함의 연구". 푸른나무재단

한국교육학술정보원(2024). "수업에 바로 활용하는 디지털시민 교육자료".

한국청소년정책연구원(2025). "청소년의 디지털 시민성 함양을 위한 정책 과제".

Council of Europe(2019). Digital Citizenship Education Handbook.

UNESCO(2024). Global citizenship education in a digital age: teacher guidelines. https://unesdoc.unesco.org/ark:/48223/pf0000388812

10

디지털 시민의 행동 가이드

디지털 시민의 행동은 곧 사회 전체의 디지털 문화를 결정한다. 기술은 중립적이지만 기술의 사용은 시민의 태도에 따라 달라진다. 디지털 공간에서 개인정보를 보호하고 온라인 습관을 점검하며 스마트폰 사용 시간을 조절하고 사이버 괴롭힘에 적절히 대응하는 것은 디지털 시민이 일상에서 실천할 수 있는 기본 덕목이다. 다양한 디지털 환경 속에서 개인의 권리와 책임을 기반으로 실천할 수 있는 구체적인 행동을 제시한다.

AI와 미래 의사?

디지털 보안을 위한 실천

디지털 기술의 발전은 편리함을 제공하는 동시에 다양한 보안 위협을 수반한다. 개인정보 유출, 해킹, 가짜 뉴스, 사이버 폭력 등 디지털 환경에서 발생하는 위협에 대응하기 위해 디지털 시민은 다음과 같이 일상생활 속에서 지속적으로 보안 습관을 형성해야 한다.

첫째, 메신저 프로그램에서 개인정보를 지키는 것만으로도 개인정보 유출을 차단할 수 있다. 프로필, 상태 메시지, 사진을 전체 공개 설정하면 모르는 사람에게도 정보가 노출되므로 전체 공개가 아닌 친구나 나만 보기로 설정할 필요가 있다. 채팅방 자동화 기능을 비활성화하고 신뢰할 수 없는 링크는 클릭하지 않는다. 또 채팅 백업 주기와 인증 절차를 주기적으로 점검한다(서울시교육청, 2025).

둘째, USB 저장매체보다 사용이 빈번한 구글 드라이브, 네이버 마이박스, 아이클라우드 등의 온라인 클라우드 사용 시 2단계 인증을 설정한다. 또한 클라우드 접속 시 자동 로그인 기능은 설정하지 말고, 온라인 클라우드의 사용이 끝나면 바로 로그아웃한다. 마지막으로 주민등록번호, 통장 사본 등 민감한 개인정보에 관한 문서는 올리지 않는다. 만약 업로드가 필요하면 정보 유출에 민감한 자료는 암호화해 보관한다(한국인터넷 진흥원, 2025).

셋째, 매일 사용하는 스마트폰에서도 개인정보가 유출될 수 있다. 스마트폰에 앱을 설치하면서 주소록, 마이크, 카메라, 사진첩 다운로드 폴더 등 불필요한 접근 권한은 없는지 꼼꼼하게 확인한다. 위치정보 역시 중요한 개인정보이므로 위치 접근 권한도 앱 별로 설정한다(김선애, 2022). 가령 안드로이드 기반 스마트폰은 설정 메뉴에서 위치 탭에서 접근 권한을 '필요할 때만'으로 설정한다. 아이폰은 설정 메뉴 개인정보 보호 및 보안 탭에서 추적 허용 여부를 앱별로 설정할 수 있다.

넷째, 공공 와이파이는 카페, 지하철, 공항 등의 공공 장소에서 제공하는 무료 무선통신 서비스다. 사용자는 무료로 편리하게 무선 인터넷을 이용할 수 있지만 공공 와이파이는 많은 사용자가 사용하기에, 보안에 취약하다. 해커는 공용 와이파이와 비슷한 이름을 가진 가짜 와이파이를 만들어 사용자가 전송하는 모든 데이터를 취할 수 있다. 사용자는 자신도 모르는 사이에 해커가 제공하는 공공 와이파이에 개인정보를 전송하는 셈인 것이다(데일리시큐, 2025). 공공 와이파이의 권한 인증 아이디는 'admin', 비밀번호는 '0000'으로 기본 설정된다. 이를 악용해 해커는 관리자 권한을 탈취, 개인정보를 취할 수 있다. 또 해커가 원하는 악성 프로그램을 설치하거나 사이트로 접속할 수 있다(한국인터넷진흥원, 2025).

이처럼 보안이 취약한 공용 와이파이를 사용할 때는 개인정보 입력을 자제하고 금융거래는 하지 않는다. 또한 가급적 공공 와이파이 사용을 자제하고 VPN을 이용한다. 개인 태블릿이나 스마트폰에 VPN 앱을 설치하고 공공 와이파이에 접속하기 전 VPN을 활성화한다(데일리시큐, 2025). 브라우저 기반 VPN 확장 프로그램을 사용하면 간단하게 VPN을 사용할 수 있다.

디지털 환경에서 디지털 침해로부터 자신을 보호할 수 있어야 진정한 디지털 시민이라 할 수 있다(한국교육학술정보원, 2024).

디지털 시민의 건강한 온라인 생활 습관 만들기

단순한 기술 사용을 넘어 디지털 시민은 자율적이고 책임 있는 생활 습관을 형성해야 한다. 다음은 디지털 시민으로서 실천할 수 있는 온라인 생활 습관 형성의 주요 가이드다.

첫째, 온라인 이용 습관 점검하기. 하루 평균 스마트폰 사용 시간을 점검하고 일정 시간 디지털 휴식을 포함해 과도한 의존을 방지한다. 지나치게 많은 시간을 온라인 환경에서 소비하지 않는지 점검한다(문진영 외, 2023). 아울러 디지털 휴식 시간을 포함해 과도한 디지털 의존을 피하고 신체적 정신적 건강을 유지해야 한다. 아이폰은 스크린 타임, 안드로이드는 디지털 웰빙 및 자녀 보호 기능으로 앱별 사용 시간을 점검하고 앱의 사용 제한을 설정하는 것이 가능하다(한국교육학술정보원, 2024).

둘째, 정확한 정보를 분별하고 사용하기. 온라인에서 정보를 수용할 때는 반드시 출처와 작성자를 확인하고 허위 정보나 조작된 콘텐츠의 무분별한 공유를 지양한다. 신뢰할 수 없는 AI가 생성한 콘텐츠나 출처 정보가 모호한 정보를 그대로 수용한다면 성숙한 디지털 시민이 될 수 없다. 출처가 분명하고 작성자와 근거자료를 확인하는 등의 정확한 정보를 습득하기 위해 노력해야 한다(서울시교육청, 2025).

셋째, 디지털 자율성과 책임 의식을 가져야 한다. 디지털 세상에서 자신의 말과 행동이 타인에게 영향을 미칠 수 있음을 인식하고, 동의 없는 사진 공유나 무단 게시물 업로드는 지양한다. 예를 들어, 동의 없이 친구의 사진을 사용해 콘텐츠를 생성하거나 생성된 콘텐츠를 게시물로 공개해서는 안 된다(KT, 2025a). 이는 타인의 평판을 해치거나 감정적 상처를 줄 수 있을 뿐 아니라 친구의 초상권을 침해하는 범죄다. 이를 통해 나의 의도와 상관없이 친구의 개인정보가 유출될 수 있고 이에 따라 정신적 금전적 피해로 이어질 수 있다(문진영 외, 2023). 항상 온라인 환경에서 게시물이나 댓글을 작성할 때는 타인의 관점에서 한 번 더 생각하고 진행해야 한다.

마지막으로 올바른 디지털 소통 실천하기. 감정적인 댓글, 혐오 발언, 인신공격을 삼가고, 사이버 괴롭힘 발생 시 학교나 가족에게 도움을 요청한다. 타인을 괴롭히는 댓글이나 게시물은 거부하고, 이런 비난성 댓글을 통한 감정적 소비를 하지 않음으로써 긍정적인 디지털 소통으로 이어질 수 있도록 노력한다(KT, 2025b).

이처럼 디지털 환경에서 스스로 정보를 관리하고, 타인의 권리를 존중하며, 정확한 정보를 바탕으로 소통할 수 있다면 건강하고 성숙한 디지털 사회를 형성하는 데 이바지할 수 있다.

디지털 시민이란 단지 기술이나 기기를 잘 다루는 사람이 아니라, 타인의 권리를 존중하고 자신의 정보를 보호하며 사회적 책임을 다하는 사람이라는 것을 기억해야 한다.

참고문헌

데일리시큐(2025.4.15). "노드VPN, 출퇴근길 공공 와이파이 사용에 대한 보안 구멍 경고".
https://www.dailysecu.com/news/articleView.html?idxno=165344

김선애(2022.7.28). "개인정보 보호 위해 공용 와이파이 사용 제한해야". 데이터넷.
https://www.datanet.co.kr/news/articleView.html?idxno=174979

문진영 외(2023). "청소년의 스트레스가 스마트폰 과의존에 미치는 영향: 우울의 매개효과를 중심으로". 《디지털콘텐츠학회논문지》, 24(4), 735~742쪽.

서울시교육청(2025). "(초등) 디지털 시민성 교육자료".
https://www.sen.go.kr/user/bbs/BD_selectBbs.do?q_bbsSn=1051&q_bbsDocNo=20250220194007279

한국교육학술정보원(2024). "수업에 바로 활용하는 디지털 시민 교육자료".
https://www.keris.or.kr/main/ad/pblcte/selectPblcteETCInfo.do?mi=1142&pblcteSeq=13795

한국인터넷진흥원(2025). "2025 국가 정보보호 백서".
https://www.kisa.or.kr/post/fileDownload?menuSeq=20303&postSeq=12005&attachSeq=1&lang_type=KO

KT(2025a) 중학생 디지털 시민 교육영상 1편 디지털 안전
https://youtu.be/5jYIhYnB9_M?si=dUdgVBXKgJTfrt3B

KT(2025b) 중학생 디지털 시민 교육영상 2편 디지털 공존
https://youtu.be/_GfPc1tRsE0?si=x8jWF2R-A6NNnHh7

김정아

가톨릭관동대학교 컴퓨터교육과 교수다. 아주대학교 경영대학원에서 MBA(일반경영) 석사학위를, 중앙대학교 컴퓨터공학과에서 소프트웨어공학 박사학위를 받았다. "교원양성대학 시민교육 역량강화 사업" 사업단장(2023~2024) 역할을 수행했고 "미래 강원교육 실현을 위한 학교 공감 지능 정보화 추진방안 연구"(2024) 등의 교육 정보와 관련된 연구를 했다. 한국정보처리학회 소프트웨어공학 분과 운영위원장, 한국정보과학회 소프트웨어소사이어티 이사를 역임했다. 현재 가톨릭관동대학교 입학처장이다.

김희진

가톨릭관동대학교 컴퓨터교육과 조교수다. 고려대학교에서 컴퓨터 교육학 석사학위를 받았으며, 같은 대학에서 박사과정을 수료했다. 서울교육대학교에서 2010~2020년 교양 과목을 강의했다. 주요 저서로 《예비교사를 위한 C 프로그래밍》(2024), 《알고리즘 교육을 위한 언플러그드 활동》(2017)이 있다. 최근 논문으로 "챗GPT를 활용한 디지털 시민성 수업 제안: 고등학교 정보 교과 중심"(2025)이 있다.